Lesepredigten

Er ist unser Friede

Herausgegeben von Helmut Schwier

in Verbindung mit
Alexander Deeg, Wilfried Engemann,
Bischof i. R. Christoph Kähler,
Sebastian Kuhlmann, Jörg Neijenhuis,
Kathrin Oxen und Traugott Schächtele

Er ist unser Friede

Lesepredigten

Trinitatis bis letzter Sonntag des Kirchenjahres 2015

Textreihe I/2

EVANGELISCHE VERLAGSANSTALT
Leipzig

Bibliografische Information der Deutschen Nationalbibliothek

Die Deutsche Nationalbibliothek verzeichnet diese Publikation in der Deutschen Nationalbibliografie; detaillierte bibliografische Daten sind im Internet über http://dnb.dnb.de abrufbar.

© 2015 by Evangelische Verlagsanstalt GmbH · Leipzig
Printed in Germany · H 7860

Das Buch wurde auf alterungsbeständigem Papier gedruckt.

Cover: behnelux gestaltung, Halle/Saale
Gesamtherstellung: Druckerei Böhlau, Leipzig

ISBN 978-3-374-03943-2
www.eva-leipzig.de

ZU DIESEM BAND

Liebe Leserinnen und Leser, liebe Predigende,

seit es Lesepredigten gibt, gibt es wohl auch Diskussionen über die Frage, wie sie verantwortlich zu verwenden sind. Traugott Schächtele, langjähriger Beauftragter für die Prädikantenausbildung in der Badischen Landeskirche und jetzt Prälat in Nordbaden, stellt hierzu grundsätzliche Reflexionen wie praktische Hinweise vor, die in eine theologisch verantwortete Praxis der Aneignung münden und die diesen Band programmatisch eröffnen. Seine wichtigen Einsichten – Akzeptanz des „bleibend Fremden", Priorität des Textes, Wahrnehmen der fremden Predigt, erste Beurteilung auf Verwendbarkeit, Vertrautwerden und Bearbeitung, Entstehung des eigenen Textes, Lernerfahrungen für die Zukunft – markieren einen praxistauglichen und überzeugenden Weg der Predigtvorbereitung mit Hilfe von Lesepredigten. Beschlossen wird der vorliegende Band mit der „Besonderen Predigt": der erste Teil einer Themenpredigtreihe zum Buch Jona. Anne Gidion vom Gottesdienstinstitut der Nordkirche hat sie theologisch wie sprachlich anregend entworfen.

Innerhalb dieses Rahmens finden Sie die Predigten zu den Evangelientexten der derzeitigen ersten Reihe von Trinitatis bis zum Letzten Sonntag des Kirchenjahres. Die Texte – mehrheitlich Erzählungen – gehören zum Grundbestand biblischer und kirchlicher Tradition. Bekannte Geschichten wie die von Nikodemus und Jesus, vom Fischzug des Petrus, vom Brotwunder, von der Heilung des Taubstummen und der des Gelähmten, der von seinen Freunden durch das Dach hinuntergelassen wird, von der Auferweckung des Lazarus, vom Weltenrichter oder die Gleichnisse vom reichen Mann und armen Lazarus, vom verlorenen Sohn, vom Pharisäer und Zöllner, vom barmherzigen Samariter, vom reichen Kornbauern, vom Schalksknecht, vom Baum ohne Früchte oder zentrale Worte und Reden wie der Taufbefehl, das Doppelgebot der Liebe, die Aufforderung, Salz der Erde und Licht der Welt zu sein, die Warnung vor der Sorge, die Rede über Ehe und Ehescheidung, die sog. „Antithesen", die hier als „Zumutungen" entfaltet werden, oder die Seligpreisungen: all dies ist vielen Gemeindegliedern bekannt und stellt damit vor die

Herausforderung, zu überraschenden Auslegungen zu gelangen. Lassen Sie sich bei der Lektüre von den neuen Perspektiven in den narrativen wie erläuternden, ermunternden wie zusprechenden Predigten selbst überraschen!

Im Namen der Herausgebenden danke ich allen Autorinnen und Autoren für ihre anregenden Predigten, für Gebete und Liedvorschläge, Herrn Dr. Sebastian Kuhlmann für sein bewährtes und umsichtiges Wirken als Geschäftsführer und Redakteur sowie den Mitarbeitenden des Verlags für das gute Zusammenwirken.

Heidelberg, im Januar 2015   *Helmut Schwier*

Inhaltsverzeichnis

	Zu diesem Band		5
	„Fremd" und authentisch – das geht! Anbahnungen einer kleinen Homiletik der Lesepredigt	*Traugott Schächtele*	11
31. Mai 2015	Trinitatis Johannes 3,1–15	*Frank Hiddemann*	20
7. Juni 2015	1. Sonntag nach Trinitatis Lukas 16,19–31	*Ruth-Elisabeth* *Schlemmer*	25
14. Juni 2015	2. Sonntag nach Trinitatis Lukas 14,16–24	*Michael Dorsch*	31
21. Juni 2015	3. Sonntag nach Trinitatis Lukas 15,1–3.11b–32	*Johannes* *Krause-Isermann*	36
28. Juni 2015	4. Sonntag nach Trinitatis Lukas 6,36–42	*Jochen M. Heinecke*	40
5. Juli 2015	5. Sonntag nach Trinitatis Lukas 5,1–11	*Simone Rasch*	47
12. Juli 2015	6. Sonntag nach Trinitatis Matthäus 28,16–20	*Kathrin Oxen*	53

19. Juli 2015	7. Sonntag nach Trinitatis Johannes 6,1–15	*Jörg Neijenhuis*	58
26. Juli 2015	8. Sonntag nach Trinitatis Matthäus 5,13–16	*Volkmar Latossek*	63
2. August 2015	9. Sonntag nach Trinitatis Matthäus 25,14–30	*Manfred Bauer*	70
9. August 2015	10. Sonntag nach Trinitatis Markus 12,28–34	*Jürgen Kegler*	76
16. August 2015	11. Sonntag nach Trinitatis Lukas 18,9–14	*Martin Hauger*	82
23. August 2015	12. Sonntag nach Trinitatis Markus 7,31–37	*Friedrich Teubner*	88
30. August 2015	13. Sonntag nach Trinitatis Lukas 10,25–37	*Georg Lämmlin*	94
6. September 2015	14. Sonntag nach Trinitatis Lukas, 17,11–19	*Wiebke Köhler*	100
13. September 2015	15. Sonntag nach Trinitatis Matthäus 6,25–34	*Reiner Heimburger*	104
20. September 2015	16. Sonntag nach Trinitatis Johannes 11,1.3.17–27.41–45	*Christian Frühwald*	109
27. September 2015	17. Sonntag nach Trinitatis Matthäus 15,21–28	*Bernhard Kirchmeier*	115

4. Oktober 2015	Erntedanktag Lukas 12,(13–14)15–21	*Sebastian Kuhlmann*	121
11. Oktober 2015	19. Sonntag nach Trinitatis Markus 2,1–12	*Karlheinz Weber*	126
18. Oktober 2015	20. Sonntag nach Trinitatis Markus 10,2–9 (10–16)	*Christian Willm Rasch*	131
25. Oktober 2015	21. Sonntag nach Trinitatis Matthäus 5,38–48	*Dieter Splinter*	137
31. Oktober 2015	Gedenktag der Reformation Matthäus 5,2–10 (11–12)	*Sebastian Kuhlmann*	144
1. November 2015	22. Sonntag nach Trinitatis Matthäus 18,21–35	*Karl Friedrich Ulrichs*	148
8. November 2015	Drittletzter Sonntag des Kirchenjahres Lukas 17,20–24	*Christian Plate*	153
15. November 2015	Vorletzter Sonntag des Kirchenjahres Matthäus 25,31–46	*Eva Böhme*	158
18. November 2015	Buß- und Bettag Lukas 13,6–9	*Dorothee Wüst*	164
22. November 2015	Letzter Sonntag im Kirchenjahr (Gedenktag der Entschlafenen) Johannes 5,24–29	*Christian Schoberth*	170

INHALTSVERZEICHNIS

Die besondere Predigt
Jona (Predigtreihe – Teil I)   *Anne Gidion*   178

Verzeichnis der Autorinnen und Autoren   182

„Fremd" und authentisch – das geht! Anbahnungen einer kleinen Homiletik der Lesepredigt

Fremdes Predigen ist kein Plagiieren

Wer predigt, predigt nie das Eigene, sondern „Fremdes" und zum Predigen Aufgetragenes. Aber er oder sie predigt dieses allen Predigenden aufgetragene „Fremde" in je eigener und unverwechselbarer Weise. Um das Predigen zwischen Fremdbeauftragung und Authentizität soll es nachfolgend gehen. Dabei ist von vornherein klar, dass es eine Fehldeutung wäre, dabei von einer Alternative auszugehen. Vielmehr geht es um die Klärung des Zusammenhanges und damit um ein Grundproblem des Predigens überhaupt – eines, das keinesfalls nur Lesepredigten betrifft. Vielmehr lassen sich um diese beiden Pole Grundelemente einer Homiletik entwickeln. Wie also predige ich? Was predige ich? Und wie verhalten sich individuelle Kompetenz oder gar Kunstfertigkeit der Predigenden zu dem, was ihnen zu sagen aufgetragen ist?

An der Absicht des hier vorgelegten Bandes mit Lesepredigten stellt sich diese Frage noch einmal konkreter: Darf ich als Prediger Lesepredigten benutzen? Wenn ja – und davon gehen zumindest diejenigen aus, die Lesepredigten schreiben und Lesepredigt-Reihen wie die hier vorliegende verantworten und herausgeben – warum darf ich das? Wie ist diese Praxis theologisch zu begründen? Wie geschieht sie verantwortlich? Dürfen die einen – nämlich die, die als Ehrenamtliche mit der öffentlichen Wortverkündigung beauftragt werden[1] –, was den anderen, die dies als Pfarrerin und Pfarrer als Hauptamtliche tun, von vornherein untersagt ist?

---

[1] Die Nomenklatur der einzelnen Landeskirchen ist dabei im Blick auf die Gruppe derer, die mit der ehrenamtlichen öffentlichen Verkündigung beauftragt sind, nicht einheitlich. Während in vielen Kirchen der EKD lange Zeit Lektoren in der Regel ausdrücklich gehalten waren oder sind, eine Lesepredigt zu lesen oder deren Inhalt

Indem ich diesen Fragen nachgehe, tue ich das ausdrücklich im Blick auf beide Gruppen. Schließlich besteht ihr Gemeinsames gerade darin, dass sie beide zur öffentlichen Wortverkündigung beauftragt sind. Ich bewege mich dabei nicht nur im Rahmen einer theologischen Fachdebatte bzw. einer Suche nach dem Legitimationshorizont seitens der Predigenden selber. Es sind nicht zuletzt die Hörerinnen und Hörer unserer Predigten, die hier Klarheit wünschen. Was nachfolgend an Überlegungen und Hinweisen vorgestellt wird, könnte einen Beitrag dazu leisten, der Lesepredigt zum ihr zustehenden Platz in der Homiletik zu verhelfen. Vielleicht erweist er sich als hilfreicher Versuch, eine eigene kleine Homiletik der Lesepredigt zumindest anzubahnen.

Die Verwendung von Lesepredigten – erlaubt oder nicht?

Im Advent des vergangenen Jahres rief mich der Redakteur einer großen Tageszeitung an. Er habe gehört, dass viele Pfarrerinnen und Pfarrer im Advent und an Weihnachten gar keine eigenen Predigten mehr halten, sondern fremde vortragen. Dies sei doch ein klarer Fall der Täuschung und des Plagiierens. Mit diesem Stichwort des Plagiierens sind wir im Zentrum der neueren Debatten zu diesem Thema angekommen: den Plagiatsdebatten als Folge der Ent-Täuschungen wissenschaftlicher Arbeiten prominenter Akteure aus der Politik. Ich habe versucht, dem Redakteur klarzumachen, wie viele Gottesdienste und in Folge wie viele Predigten und Ansprachen allein im Dezember auf einen Prediger oder eine Predigerin zukommen – das können im Einzelfall 15 und mehr sein! – und was das angesichts der berechtigten Erwartung nach Qualität im Gottesdienst und der vorweihnachtlichen Termindichte bedeutet. Ich habe auch versucht, ihm den Unterschied zwischen einer wissenschaftlichen Arbeit und einer Predigt zu erläutern. Predigten kann man eigentlich nicht plagiieren, es sei denn, sie würden im Rahmen praktisch-theologischer Wissenschaft ohne Quellenangabe veröffentlicht. Mit dem Kopf konnte er es nachvollziehen. Mit dem Herzen erwartete er jeweils eine „Eigenleistung" der Prediger. Das eine zu akzeptieren, ohne das andere dranzugeben – darauf käme es bei diesem Thema eigentlich an! Dennoch bleibt erschwerend festzuhalten: Die Plagiatsaffären haben das Debattenklima vergiftet.

Vereinfacht gesagt, laufen die Streitlinien hier so, dass Theologen – meistens jedenfalls – wenig Probleme haben, einen verantwortlichen Umgang mit Predigtvorlagen zu begründen. Haben denn nicht auch Luthers Predigt-Postillen und Augustins Lehrkatechesen gezeigt, dass selbst die „Großen" der Theologie hier keine Skrupel hatten und haben! Auf der anderen Seite gehen die Predigthörer und -höre-rinnen wie selbstverständlich davon aus, dass sie bei einer Predigt dem Verfasser bzw. der Verfasserin gegenübersitzen.

Der große Predigtlehrer Rudolf Bohren hat zu diesem Thema angemerkt, in die-ser Erwartung sei ein „antiquiertes Verständnis künstlerischen Schaffens im Spiel".[2] Er formuliert in seiner Predigtlehre beinahe paradigmatisch: „Ein unbegabter Predi-ger aber wird mehr und besser wirken, wenn er eine gute Predigt übernimmt, als wenn er mit einer selbstgemachten scheitert."[3] Die klare Gegenposition findet sich etwa beim emeritierten Marburger Systematik-Professor Hans-Martin Barth, der ganz offen bekennt: „Ich ärgere mich, wenn ich im Gottesdienst von der Pfarrerin oder dem Pfarrer eine kaum oder gar nicht modifizierte Predigt aus dem Internet vorgelesen bekomme."[4] Über seinen eigenen Ärger hinaus versucht Barth, sich zum Anwalt der Gemeinde zu machen: „Die Gemeinde blickt in der Regel erwartungs-voll auf den Mann/die Frau auf der Kanzel. Vertrauen kommt ihm/ihr entgegen. Wenn er/sie aber in der Predigt gar nicht von sich selbst spricht, von eigener Erfah-rung mit dem Glauben und dem Wort Gottes, ist das ein Vertrauensmissbrauch."[5]

Gründe für die Verwendung von Lesepredigten

Was sind die legitimen Erwartungsstandards, denen eine Predigt genügen muss? Un-verzichtbar erscheint es für mich, dass eine Predigt den Kriterien von (a) Qualität (theo-logisch und sprachlich), von (b) „Kirchlichkeit" (verstanden im Sinne des gelingen-

mit eigenen Worten wiederzugeben, verwenden andere den Namen Lektor für die Gruppe der ehrenamtlich Pre-digenden insgesamt, zumal auch Lektoren im ersteren Sinn in großer Mehrheit eigene Predigten anfertigen oder Lesepredigten frei bearbeiten. Andere Kirchen behalten dies den Prädikanten vor. Eine Mehrzahl der Kirchen der EKD spricht im Blick auf die ehrenamtlich Predigenden davon, dass diese ihren Dienst aufgrund einer Beauf-tragung tun, die zeitlich und geografisch begrenzt ist. Pfarrerinnen und Pfarrer werden im Unterschied dazu or-diniert.

2 Rudolf Bohren, Predigtlehre, S. 199.
3 Ebd. S. 200
4 Hans Martin Barth, Gegen den Verfall protestantischer Predigtkultur. Internet oder authentisches Zeugnis? In: Deutsches Pfarrerblatt 5/2009; zitiert nach der Veröffentlichung im Internet: http://www.pfarrerverband.de/pfar-rerblatt/archiv.php?a=show&id=2606.

den Zusammenhangs von Tradition, Bekenntnis und Verkündigungszielen) und von (c) Authentizität (verstanden als Unverwechselbares des Predigers bzw. der Predigerin) genügen muss. Während das erste Kriterium unabhängig vom Verfasser bzw. der Verfasserin für alle Predigten zu gelten hat, können die Anteile von b und c durchaus unterschiedlich gewichtet sein. Wer nur auf die Authentizität Wert legt, kann die Anbindung an die Gemeinschaft der Glaubenden u.U. lockern oder im Extremfall ganz aufkündigen. Wer von einer andern Person Geschriebenes als eigenes vorliest, gibt die Eingebundenheit, Färbung und Bewährung der eigenen Rede von Gott auf. Im Extremfall könnte ein Unbeteiligter die fremde Predigt noch besser – und erfolgreicher! – „vortragen", als ich es vermöchte.

Was bringt einen Prediger bzw. eine Predigerin überhaupt dazu, die Predigt eines Dritten zu verwenden? Ich zähle nachfolgend vier Gründe auf, die jeweils mit einer kritischen Anfrage verbunden sind.

(a) Der erste Grund ist der am stärksten einleuchtende und am wenigsten ehrenrührige überhaupt: Jemand sagt etwas, das sich voll mit der eigenen Intention deckt, aber in einer Weise, dass ich eingestehe, dass ich es nicht besser oder, ehrlicher noch, so gut überhaupt nicht sagen könnte. Diese Erfahrung liegt der Übernahme von Zitaten zugrunde. Insofern ist eine Lesepredigt nur der Extremfall eines Zitates bzw. einer Paraphrase. Sofern, was bei einem Zitat üblich ist, der Autor des Textes genannt wird, vermag der womöglich prominente Zeuge das Gewicht meiner Aussageabsicht sogar noch zu verstärken. Anzufragen ist höchstens, ob im Einzelfall die angeblich schlechtere eigene authentische Formulierung im Vergleich mit der fremden nicht doch noch stärkere Wirkung zu erzielen vermöchte.

(b) Die aktuelle Agenda verpflichtender Termine ist so dicht, dass für die Erarbeitung einer gänzlich eigenständigen Predigt zu wenig Raum bleibt – die schon einmal angesprochenen Advents- und Weihnachtswochen stellen Predigerinnen und Prediger oft vor solche Situationen. Dies kann seinen Grund im Einzelfall aber auch in einer kurzfristig entstandenen terminlichen Enge wegen Beerdigungen oder anderer Inanspruchnahmen oder auch wegen einer krankheitsbedingten kurzfristigen Vertretungsübernahme haben. Anzufragen bleibt, inwiefern im Blick auf die Passions- und Weihnachtszeit nicht Prioritäten verschoben oder Teile der Vorbereitungsarbeit auch vorgezogen werden können.[6]

(c) Das eigene Begabungsportfolio weist andere Schwerpunkte der eigenen Möglichkeiten auf (Seelsorge, Unterricht etc.), bei denen ich mit weniger Aufwand mehr Wirkung erzielen kann. Darauf hebt das oben angeführte Bohren-Zitat ab, das vor dem Scheitern der eigenen Predigt-Möglichkeiten warnt. Anzufragen bleibt, ob die Gewichtung der Begabungen im Pfarrberuf von der Predigtarbeit gänzlich dispensieren kann. Schließlich gibt es auch immer wieder – bisweilen konfliktreiche – Erwartungen an die Inhaberinnen und Inhaber von Spezial-Pfarrämtern, sich auch gottesdienstlich-predigend in die kirchliche Arbeit einzubringen. Dennoch ist das Eingeständnis, immer wieder auch an die Grenze der eigenen Predigt-Möglichkeiten zu stoßen, ein Beitrag zu einem ehrlicheren kollegialen Umgang.

(d) Lektoren und Lektorinnen sind ja ausdrücklich gehalten, Lesepredigten zu halten oder sich an ihnen zu orientieren. Bemerkenswert – und durchaus fragwürdig – ist die Entwicklung im Bereich der meisten Gliedkirchen der EKD, das Amt des Lektors und der Lektorin zurückzudrängen oder ganz abzuschaffen und den Schwerpunkt auf die Ausbildung von Prädikantinnen und Prädikanten zu legen. Letztere unterscheiden sich von Ersteren gerade dadurch, dass sie in ihrer Predigtarbeit deutlich stärkere Eigenakzente setzen.

(e) Es mangelt an der Einsicht und der Bereitschaft, für die Erarbeitung einer Predigt, womöglich unter Verweis auf kargen Zuspruch, überhaupt die nötigen zeitlichen Ressourcen zur Verfügung zu stellen – weniger euphemistisch ausgedrückt: Es geht um Verweigerung, um das Wort Faulheit zu vermeiden. Wo dies das Hauptmovens der Übernahme von Lesepredigten ist, stellt sich die Frage, ob der Pfarrberuf tatsächlich der richtige ist. Die Autorinnen und Autoren von Lesepredigten geht es in aller Regel nicht darum, diese Gruppe zu bedienen und einer solchen Haltung Vorschub zu leisten.

---

5   Hans Martin Barth, ebd.
6   Immer mehr gibt es Angebote, im Vorfeld von Advent und Weihnachten in einer Predigtvorbereitungswoche einen Teil der Vorbereitung kompakt zu leisten.

Typen des Umgangs mit Lesepredigten

Wie kann nun ein verantwortlicher Umgang mit Lesepredigten geschehen? Ich möchte hier verschiedene Typen der Nutzung unterscheiden.

- An erster Stelle möchte ich den *Typus der Inspiration* nennen. Als „Gedankensammler" lese ich eine oder zwei Lesepredigten – nicht mehr, das würde eher verwirren – und setze mich assoziativ dem Gelesenen aus. In meinem inneren Sieb bleibt eine Grundidee hängen oder auch nur ein möglicher Weg der Annäherung, ein einzelner Abschnitt oder ein verwendetes Zitat; womöglich auch das Grundmuster der Gliederung. Danach lege ich die Predigten wieder beiseite und mache mich an die eigene Predigtarbeit. Die Lesepredigt hat hier geholfen, die Initiation zur weiteren Arbeit zu ermöglichen.

- Als weiteres wäre der *Typus des Sammler und Jägers* zu nennen. Als Angehöriger dieser Spezies bin ich nicht auf der Suche nach Struktur und Ideen. Vielmehr geht es mir um „Highlights" sowohl textlicher Art als auch im Blick auf „prominente Mitprediger". Ich möchte Predigtergebnisse dieser Art nicht unbedingt empfehlen, weil sie meist auf Kosten einer klaren inhaltlichen Linie gehen. Je mehr sie aus guten Lesepredigten verwenden, desto mehr gewinnt ihre Predigt dennoch an Qualität.

- Der dritte Typus ist der *Paraphrase-Typus*. Ihm gelingt es am ehesten, die oben angesprochene Balance zwischen „Kirchlichkeit" und Authentizität zu finden. Ich verwende die Vorlage, gebe aber deren Inhalt selbstständig und mit Sprachmustern wieder, die mir entsprechen.

- Zuvor sei aber noch – mit allen Zeichen der Wertschätzung – der *Lektoren-Typus* genannt. Hier verwende ich eine Lesepredigt einigermaßen vorlagennah, was einzelne Schritte der Annäherung und Aneignung dennoch nicht unnötig macht. Qualität und „Kirchlichkeit" haben die Hauptlast zu tragen, ohne dass Elemente, die helfen, die „fremde" Predigt doch ein Stück weit zu meiner eigenen zu machen, gänzlich ausgespart werden.

Natürlich gibt es keinen dieser Typen in Reinkultur. In der Regel stoße ich auf Mischformen, deren Mischverhältnis zudem auch nicht konstant bleibt. Jede Predigt ist im Grunde ein Cocktail als Ergebnis eines derartigen Mixes, nur dass an die Stelle einer Lesepredigt auch andere Quellen schriftlicher oder mündlicher Form treten können. Dies kann das Essay eines Magazins sein, ein Stück Literatur, eine gut erinnerte gehörte Predigt; manchmal – und auch das ist nicht von vornherein ehrenrührig – auch eine zu diesem Text schon früher gehaltene eigene Predigt. Nicht alles, was vor sechs Jahren richtig und gut war, ist allein der historischen Distanz wegen schon überholt und zu verwerfen.

Anregungen zum Umgang mit Lesepredigten
Nachfolgend möchte ich auch noch einige konkrete Anregungen zu dieser Form des Umgangs mit Lesepredigten vorstellen bzw. Voraussetzungen und Aspekte benennen, die die Nutzung von Lesepredigten leichter und verantwortbar machen.

Die Akzeptanz des „bleibend Fremden"
Die Lesepredigt ist – zunächst – eine „fremde" und nicht meine eigene Predigt. Dies bedeutet, dass ein Weg der Aneignung unumgänglich ist. Wichtig und entlastend ist die Grundüberzeugung: Eine Predigt lebt nicht von ihrer Originalität, sondern davon, dass in ihr die gute Nachricht von der Menschenfreundlichkeit Gottes aufleuchtet. Insofern predige ich nicht meine Gedanken, sondern kleide das „fremde" Evangelium in meine Worte. Gerade die Predigenden haben immer wieder den Hinweis nötig, dass es nach gut-protestantischer Überzeugung keine Selbstrechtfertigung durch Werke gibt, auch nicht durch das Werk der gelungenen Predigt.

Die Priorität des Textes
Vor der Lektüre der Predigt steht die Annäherung an den Text. Das bedeutet: Erst wird der Predigttext gelesen, bevor ich mich an die Lektüre der Lesepredigt(en) mache. Ich habe schon ein Bild des Textes und eine Grund(hypo)these hinsichtlich seiner Botschaft, ehe ich der Auslegung Dritter Beachtung schenke, ganz gleich, ob dies in der Weise der Nutzung von Kommentaren bzw. Predigthilfen oder der Lektüre von Lesepredigten geschieht.

Wahrnehmen der fremden Predigt
Erst jetzt kann ich mich der fremden Predigt zuwenden. Beim Lesen markiere ich, wo ich sprachlich und inhaltlich „ins Stolpern" komme. Wo liegen „Leerstellen" verborgen, die für mich im Moment keinen Aussagewert haben? Wo spüre ich Sperriges und Widerständiges?

Erste Beurteilung auf Verwendbarkeit
Meine Anmerkungen verhelfen mir dazu, die Predigt einzuschätzen. Ich frage mich: Kann ich diese Predigt grundsätzlich halten? Oder muss ich mich nach einer anderen Predigt umschauen? Wenn Ersteres gilt, muss ich weiter fragen: Was sind die Kernaussagen? Würde ich diese auch so formulieren?

Vertrautwerden und Bearbeitung
Jetzt arbeite ich die Predigt gründlich durch. Ich markiere, was ich ändern möchte, wo ich eine Umstellung vornehme, wo ich ein Beispiel, eine Konkretisierung oder Aktualisierung einfüge oder Passagen streiche. Womöglich gebe ich der Predigt eine neue Grundstruktur. Gerade dieser Schritt muss als Vorbereitung für das eigene Predigtmanuskript sorgfältig und gründlich erfolgen.

Entstehung des eigenen Textes
Ziel dieser Station ist es, ein eigenes, neues Manuskript der Predigt zu erarbeiten. Unabhängig davon, ob dies handschriftlich (ja, das gibt es bei Predigerinnen und Predigern auch noch!) oder mit dem Computer erfolgt, schreibe ich meine Predigt neu, d.h. ich füge nicht einfach Änderungen in die Kopie der Vorlage ein. Anders kann die fremde Predigt kaum zu einer neuen eigenen werden. Am Ende habe ich ein eigenes, meinen Schreib- und Seh- und Lesegewohnheiten gemäßes Predigtmanuskript.

Lernerfahrungen für die Zukunft
Nach dem Gottesdienst, aber in zeitlicher Nähe, sollten Sie das Predigtmanuskript noch einmal durchgehen und notieren, was Ihnen aus dem Vollzug des Predigens in Erinnerung geblieben ist: Was hätten Sie sich im Manuskript noch vermerken müssen? Wo kamen Sie ins Stocken? Womit waren Sie nicht zufrieden? Wo haben Sie Re-

aktionen der Zuhörenden gespürt? Aus diesen Erfahrungen können Sie für weitere Predigten Gewinn ziehen.

Was am Ende noch wichtig ist

Die Verwendung einer Lesepredigt dient der Kommunikation des Glaubens, nicht primär dem Bedürfnis der Predigerin oder des Predigers nach Anerkennung, auch wenn diese den Predigenden durchaus auch immer wieder zu gönnen ist. Denen, die nach einer Lesepredigt womöglich auch einmal ein „Zuviel" an Komplimenten einheimsen, wünsche ich den Mut, den „Prediger-Ruhm" (ein eher seltenes Gut) mit denen zu teilen, die ihn ermöglicht haben – konkret: zur Verwendung einer Vorlage zu stehen. Tatsächlich fällt es wohl leichter zu sagen: „Lasst uns beten mit Worten von Augustinus, Karl Barth (oder wem auch immer), als eine Predigt zu beginnen, indem wir auf unsere Mit-Zeuginnen und -Zeugen verweisen. Dass dies so ist, müsste uns eher im Blick auf die darin implizit verborgene Wertigkeit liturgischer Texte nachdenklich stimmen. Zur Gattung Predigt passt es eher nicht.

Die Bloßstellung eines Predigers, den ich bei der Verwendung einer Lesepredigt „ertappe", gehört sich schlicht und einfach nicht. Wo dies geschieht, ist ein solches Verhalten meist Teil eines schon bestehenden Konfliktgeschehens. Einem persönlichen Gespräch über die Art und Weise des Entstehungsprozesses der eigenen Predigten sollte sich aber kein Prediger und keine Predigerin verweigern, wenn er oder sie sich nicht verdächtig machen will. In der Mehrzahl der ohnedies seltenen Fälle signalisiert eine solche Bitte echtes Interesse und Anerkennung. Menschen, die predigen, haben hinsichtlich dieses Tuns nichts zu verbergen! Wenn aber – etwa im Nachgang zu einer Predigtreihe – eine Veröffentlichung einer Predigt geplant ist, die auf einer Lesepredigt basiert, muss ich die Vorlage unbedingt nennen – aus Redlichkeit und nicht allein der urheberrechtlichen Probleme wegen.

Zu guter Letzt bleibt die Einsicht: Die Verwendung einer Lesepredigt ist mitnichten das Ende jeglicher Predigtkultur. Vielmehr hilft sie, wenn sie verantwortlich im Sinne des hier Beschriebenen geschieht, mit, eine solche zu sichern.

Traugott Schächtele

Trinitatis

Johannes 3,1–15

I

„Ich bin 69. Dafür habe ich keine Zeit mehr." Nikodemus nimmt vorsichtig seine Kopfbedeckung vom Haupt. Die Sitzung hatte zu lange gedauert. Er kam aus dem Synhedrion, dem Hohen Rat der jüdischen Selbstverwaltung. Sie hatten über die religiöse Situation geredet. Neue Wundertäter durchzogen das Land, löckten den Stachel gegen die Römer, verführten das Volk, verlachten die uralte Weisheit seiner Religion.

Er war noch nicht lange in diesem Gremium. Er war immer ein Suchender gewesen, zu unruhig für Herrenvereine dieser Art. Erst im Herbst letzten Jahres war man auf ihn zugetreten. Man brauche junges Blut, der Hohe Rat sei überaltert. Da war er 68.

Aber „junges Blut" war nicht so sehr auf sein Lebensalter bezogen als vielmehr auf seine Art, jede Frage noch einmal umzudrehen, bis er sich mit der Antwort zufriedengab. Er war immer ein Suchender gewesen, auch ein Radikaler. Er hielt die Reinheitsvorschriften der Tora, die Gottes Wort war, penibel ein. Er hielt sich sogar an die Reinheitsvorschriften, die für die Priester galten. Er wollte in seinem Alltag leben, wie die Diener Gottes, die ihm im Tempel nahe waren. Er wollte in jedem Augenblick seines Lebens vor Gott sein. Und jeder Jude war für ihn ein Mensch mit priesterlicher Würde. „Pharisäer" nannten ihn deswegen die Leute, einen Ausgegrenzten. Das sollten sie ruhig tun.

Er war gerne Gott ein Stück näher und den Menschen ein Stück ferner. Er zog sein Festgewand aus und suchte sich etwas Schlichtes heraus, erdgrau und nicht zu viel Stoff. Als die Leute im Rat beratschlagten, wie sie die Lehrer, die durch das Land zogen, bekämpfen konnten, hatte er zur Zurückhaltung geraten. Er wollte nicht die Römer bitten durchzugreifen. Einige von diesen Wanderlehrern hatte er persönlich gehört, und sie hatten ihn beeindruckt, eigentlich vor allem einer,

Jeschua, der aus Nazareth kam. Er tat Wunder ja, da wusste man nie, wie das vor sich ging. Das konnte Effekthascherei sein, aber er lehrte auch auf eine Art die Tora, die Gottes Wort war, dass er mehr als einmal in Erstaunen geriet. Es gab manchmal Gottesgelehrte, die vom Studium der Heiligen Schriften so durchdrungen waren, dass sie Kranke heilten. Zu so einem Wunderrabbi kamen dann die Leute.

Aber dieser Rabbi war ein junger Mann. Er kannte die Schriften. Aber er legte sie verblüffend anders aus. Gott war ganz nah bei ihm. So lebte er jedenfalls. Das sagte er auch. Und das war ja genau das, was Nikodemus immer gesucht hatte. Aber bei ihm, Jeschua, ging es nicht darum, die Gebote der Priester zu halten, um Gott nahe zu sein, wie er, Nikodemus, es tat. Dieser Jeschua lehrte, dass man Gott anreden könne wie einen Vater oder Papa, Abba könne man zu ihm sagen und er werde alles für einen tun.

Um diesen Jeschua ging es auch im hohen Rat. Man muss ihm das Handwerk legen, war die Meinung der meisten, aber Nikodemus widersprach. Die Sache zog sich hin. Man werde ihn beobachten, beschloss der Rat. Aber dafür hatte er keine Zeit mehr. Er war 69, und dieser Jeschua war in der Stadt.

II

Es war aber ein Mensch unter den Pharisäern mit Namen Nikodemus, einer von den Oberen der Juden. Der kam zu Jesus bei Nacht und sprach zu ihm: Meister, wir wissen, du bist ein Lehrer, von Gott gekommen; denn niemand kann die Zeichen tun, die du tust, es sei denn Gott mit ihm.

Es war leicht, ihn zu finden. Er hockte mit seinen Freunden in der Vorstadt. Vor ihnen brannte ein Feuer. Sie redeten gedämpft. Als er dazutrat, schwiegen sie. Als er ihn sprechen wollte, antwortete er: „Setzt dich zu uns!" Nein, alleine, beharrte Nikodemus. In diesem erdgrauen Gewand fiel es niemandem auf, dass er ein hohes Tier war. Aber er war es nicht gewohnt, einer unter anderen zu sein. Er hatte auch keine Zeit für langes Lamentieren im Kreise seiner schlichten Freunde. Er wollte Tacheles reden.

Langsam stand Jesus auf und sah ihn an. In seinen Augen stand eine Frage, die war hell wie der Mond. Vorsichtiger sprach Nikodemus nun, bat ihn beiseite. Dann sprach er ihn an. Was aus seinem Mund kam, klang gravitätisch. Er ärgerte sich darüber. Eigentlich fragte er gar nichts, nannte ihn nur einen Mann, der von Gott kommt und Rabbi und dass er Zeichen tat, die von Gott kommen mussten.

Jesus antwortete und sprach zu ihm: Wahrlich, wahrlich, ich sage dir: Es sei denn, dass jemand von neuem geboren werde, so kann er das Reich Gottes nicht sehen. Nikodemus spricht zu ihm: Wie kann ein Mensch geboren werden, wenn er alt ist? Kann er denn wieder in seiner Mutter Leib gehen und geboren werden?

III

„Ich bin 69. Dafür habe ich keine Zeit mehr." Das hatte Nikodemus gedacht, als er aus dem Rat kam. Und nun dieses Angebot, neu geboren zu werden. Das war die Lösung! Noch einmal neu anfangen. Aber er war begriffsstutzig. Er spürte dieses Neuwerden, wie es in ihm beginnen wollte, aber er blockte. „Wie kann ein alter Mann neu geboren werden?", sagte er bitter. Zu oft haderte er in letzter Zeit über seine kürzer werdende Lebensspanne. Alt werden. Das hatte er am eigenen Leib erfahren. Aber jung werden? Wie sollte das gehen? „Soll ich wieder in den Leib meiner Mutter kriechen, die übrigens längst tot ist?"

Warum sagte dieser Mensch Dinge, die so gut zu ihm passten, die aber so rätselhaft waren? Er fühlte sich verhöhnt. Und zugleich verlockt. War damit nicht ein neues Leben gemeint? Neu geboren werden? Ging es um ein neues Leben?

IV

Jesus antwortete: Wahrlich, wahrlich, ich sage dir: Es sei denn, dass jemand geboren werde aus Wasser und Geist, so kann er nicht in das Reich Gottes kommen. Was vom Fleisch geboren ist, das ist Fleisch; und was vom Geist geboren ist, das ist Geist. Wundere dich nicht, dass ich dir gesagt habe: Ihr müsst von neuem geboren werden. Der Wind bläst, wo er will, und du hörst sein Sausen wohl; aber du weißt nicht, woher er kommt und wohin er fährt. So ist es bei jedem, der aus dem Geist geboren ist.

Nikodemus schaute den Mann an. Das klang genauso rätselvoll. Aber die Stimme war weicher. Er hatte gesagt: „Wundere dich nicht, dass ich dir gesagt habe: Ihr müsst von neuem geboren werden." Er war ihm ein Stück entgegengekommen. Da wollte er Tacheles reden mit dem Mann. Und der tat es mit ihm. Er überforderte ihn. Wasser und Geist. Fleisch und Geist, der brausende Wind, der überall zu hören ist. Er sprach noch weiter, aber Nikodemus versank in seine eigenen Gedanken. Etwas in ihm war angesprungen, was sich nun von selbst weiterbewegte. Als Jeschua fertig war, ging er grußlos, als sei er mitten im Gespräch in ein Loch gefallen oder in einen nächtlichen See.

So war es also ausgegangen, als er, einer von den Oberen der Juden, diesen Jeschua in die Schranken forderte. Der Mann hatte ihn an seinem schwachen Punkt erwischt, seiner Sehnsucht, neu zu beginnen. Geboren werden aus Wasser und Geist. Nikodemus setzte sich in Bewegung. Es tat ihm gut, sich zu bewegen. Geboren werden aus Wasser und Geist. Der Wüstenprediger Johannes, auch einer von diesen neu aufgestandenen Lehrern des Volkes, bedrohte die Menschen, rief sie zur Umkehr auf und taufte sie im Jordan. War es die Taufe, die dazu führte, dass ein Mensch neu geboren wurde? Ein Neuanfang im Geist also, nicht im Fleisch, aus dem Mutterschoß, wie er so bitter zurückgefragt hatte, die Gleichnisworte verspottend wörtlich nehmend. Und dann der Wind, dessen Geräusche man hört, von dem man weiß, wenn er da ist, weil man ihn hört. Der Wind ist dieser Geist, der Atem des Lebens, der Erneuerer, der die Samen über die Wege weht und den Schiffen auf den Seen die Segel bläht. Der Wind, von dem man weiß, dass er da ist, weil man seine Wirkung sieht. Es ist nicht klar, woher er kommt. Es ist nicht klar, zu wem er gehört. Nikodemus, der Jude aus dem Rat, Jeschua, der Wanderprediger, der bald hierhin, bald dahin geweht wird. Es ist nicht wichtig, woher man stammt, wenn es dieser Geist ist, der ihn treibt. Der Geist der Geburt, der Geist Gottes, der die Erde neu macht.

Das Rätsel hatte sich wie von selbst in ihm gelöst. Dieser Mann verstand es wohl, jedem einzelnen sein Rätsel zu stellen, es in die Menschen so hineinzulegen, dass es sich nach und nach von selbst entfaltete. Geheimnisvoll hatte er gesprochen. Aber dieses Geheimnis hatte er gebraucht, damit der Geist in ihm zu wehen begann. Nun trieb er seine Gedanken vor sich her, und Nikodemus spürte, weil alles begann, anders auszusehen, wenn er darauf blickte. Die Welt hatte begonnen, sich zu erneuern. Vor seinen Augen, in seinem Körper. Im erdgrauen Gewand schritt er dahin, und als er die Tür seines Hauses öffnete, begannen die Wehen. Amen.

Vorschläge für das Predigtlied

EG 134   Komm, o komm, du Geist des Lebens

EG BT 564   Komm, Heilger Geist

Fürbittengebet

[Liturg(in):] Gott des Himmels und der Erde,

wir leben unser Leben, hoch erhoben, wenn es uns gut geht, ganz am Boden, wenn es uns schlecht geht. Herr, du schaust Niedrige an und auch die, die Himmel hoch jauchzen. Wo wir auch sind, sei du unser Halt, lass uns in dir leben, lebe du in uns! Wir rufen zu dir:

[Liturg(in) und Gemeinde:] Herr, erbarme dich.

[Liturg(in):] Gott des Himmels und der Erde, wir leben unser Leben, mit dem Gesicht in der Sonne einig mit dir und der Natur und anderntags fröstelnd äußerlich und innerlich allein. Sei du unser Halt, lass uns in dir leben, lebe du in uns! Wir rufen zu dir:

[Liturg(in) und Gemeinde:] Herr, erbarme dich.

[Liturg(in):] Herr, wir leben unser Leben, mit der Gewissheit, dass alles gut geht, die Bremse wird nicht versagen, der Stein, auf den wir treten, hält unser Gewicht. Dann wieder: die Sorge um jeden Schritt. Wo wir auch sind, sei du unser Halt, lass uns in dir leben, lebe du in uns! Wir rufen zu dir:

[Liturg(in) und Gemeinde:] Herr, erbarme dich.

Frank Hiddemann

1. Sonntag nach Trinitatis

Lukas 16,19–31

Der Predigttext wird erst im Verlauf der Predigt verlesen (Bibel in gerechter Sprache)[1].
Die Zwischenüberschriften gliedern den Text, werden aber nicht vorgelesen.

[1. Das Bild wendet sich]

Liebe Gemeinde!

Liebe Reiche. Liebe Arme. „Stellt euch eine Waage vor." So könnte Jesus gesprochen haben zu denen, die ihm zuhörten. Handwerker und Fischer aus den Ortschaften rundherum, Händlerinnen und Marktfrauen, Mütter mit Kindern um sich, Gelehrte und Beschäftigte in den kleinen Synagogen und am Jerusalemer Tempel. Vielleicht standen auch ein paar Soldaten dabei oder eine Zolleinnehmerin, Sklavinnen, die beim Wegeerledigen eine halbe Stunde zuhörten, neugierig, nachdenklich. Wirklich reich war niemand unter ihnen, richtig arm aber schon. Schließlich lebten sie alle in einem besetzten Land.

„Stellt euch eine Waage vor, so eine ganz alte. Mit einem langen Bügel, befestigt genau in der Mitte. An seinen Enden hängen links und rechts an langen Ketten große Schalen. Auf die wurde die Ware gelegt. Es gibt sie wieder aus Holz für die Kinder, zum Kaufladenspielen. Solch eine Waage stellt euch vor." Wir Männer und Frauen (und Kinder) hier und jetzt, wir Handwerker, Verkäuferinnen und Lehrerinnen, wir Arbeitssuchenden und Versicherungsvertreter und Tattooanbringer, wir Rentner und Frühberenteten. Reich sind wir nicht so richtig, aber arm wohl auch nicht wirklich. „Stellt euch eine Waage vor!", so könnte Jesus begonnen haben, und dann erzählt er:

---

1   Wenn möglich, sollte der Bibeltext von einer weiteren Stimme gelesen werden.

Es war einmal ein reicher Mann. Er war mit Purpur und Leinen bekleidet und erfreute sich jeden Tag in glänzender Weise.

Ganz oben sitzt er auf seiner Waagschale. In beste Gewänder gekleidet, umgeben von schönen Dingen, reichlich und köstlich bewirtet. Sorgenfrei, leicht ist sein Leben.

Es war aber auch ein Armer mit Namen Lazarus da, er lag vor seiner Tür, bedeckt mit Geschwüren, und er hätte so gerne von dem gegessen, was vom Tisch des Reichen fiel. Stattdessen kamen die Hunde, und sie beleckten seine Geschwüre.

Lazarus' Leben ist schwer. Ganz unten sitzt er auf seiner Waagschale. Vielleicht war es einmal anders, aber nun ist nichts mehr, gar nichts, stinkend, krank, in Lumpen und hungrig liegt er da, nicht mal die Hunde kann er mehr verscheuchen. Wie oft schaut er nach oben, da wo der Reiche sitzt in Saus und Braus, dem Himmel näher als der Erde. Doch dann:

Als aber der Arme starb, wurde er von den Engeln in Abrahams Schoß getragen.

„Lazarus, sieh dich um, nach oben geht es für dich, von Engeln getragen, direkt in Abrahams Schoß!" Lazarus staunt. Hier oben ist es gut, gewärmt und satt und geborgen. Für Lazarus wird nun gesorgt.

Auch der Reiche starb und wurde begraben. Und als er im Totenreich, geplagt von Qualen, seine Augen erhob, sah er Abraham von ferne und Lazarus in seinem Schoß.

„Reicher Mann, nun bist du unten, in den Tiefen der Erde, gefallen zu den Toten, da wo niemand hinwill, ungeborgen." Was ist geschehen? Innerhalb von wenigen Sätzen hat Jesus in seiner Gleichnisgeschichte das Bild gewendet, der oben saß, ist tief gefallen, und der von ganz unten kam, direkt mit Engelsflügeln in den Himmel. Die Jesuszuhörenden von damals wundern sich nicht. Sie haben das erwartet. Jesus sprach oft so, die Niedrigen wird Gott erhöhen und die Reichen werden leer ausgehen. So wird es zugehen im Reich Gottes, so klar. Und in denen, die da zuhörten, wuchs eine große, große Hoffnung: So wird es werden schon hier, schon jetzt. Einmal werden wir an den gedeckten Tischen der Reichen sitzen, frei und ledig all der Abgaben und Steuern, die uns das letzte Hemd nehmen. Es wird uns gehen wie in Abrahams Schoß. Und wenn doch noch nicht hier, dann einmal am Ende unseres Lebens. Einige unter ihnen werden nachdenklich wie wir gestanden haben. Was wird aus mir, wenn ich nicht Lazarus bin? Hier könnte schon Schluss sein in Jesu Erzählung. Seine Botschaft heißt: In meinem Reich wird unten und oben verkehrt. Klare Botschaft an Arme und Reiche!

[2. Es bleibt dabei]

Wie geht es weiter? Es beginnt ein Gespräch zwischen dem Reichen unten und Abraham oben.

> Da rief der Reiche laut: „Vater Abraham, hab Mitleid mit mir und schick Lazarus herüber, dass er seine Fingerspitze ins Wasser tauche und meine Zunge benetze, denn ich leide in diesem Feuer!" Abraham aber gab zur Antwort: „Kind, erinnere dich, dass du dein Gutes in deinem Leben schon empfangen hast, und Lazarus das Schlechte. Jetzt aber wird er getröstet, du aber leidest."

Es bleibt dabei, entscheidet Abraham, der Stammvater aller Zuhörenden, der so ein wenig die Rolle Gottes einnimmt. Verstärkt und bestätigt wird der Wechsel.

[3. Der garstige Graben]

In einer dritten Runde wird nun zugespitzt, kaum auszuhalten für unser Verständnis. Abraham spricht weiter:

> „Und bei alledem besteht zwischen uns und euch eine tiefe Kluft, damit die, welche von hier zu euch hinübergehen wollen, es nicht können, noch die, welche dort sind, zu uns herübergelangen können." Da sagte er (der Reiche): „Ich bitte dich also, Vater, schick ihn (Lazarus) in mein Elternhaus, denn ich habe fünf Geschwister, damit er ihnen Beweise bringe, damit sie nicht auch an diesen qualvollen Ort kommen." Abraham sagte: „Sie haben Mose und die prophetischen

Schriften! Darauf sollen sie hören." Er aber erwiderte: „Nein, Vater Abraham, vielmehr wenn einer von den Toten zu ihnen geht, dann werden sie umkehren!" Abraham sagte zu ihm: „Wenn sie nicht auf Mose und die prophetischen Schriften hören, werden sie sich auch nicht überzeugen lassen, wenn einer von den Toten sich erhebt!"

Hier liegt des Pudels Kern. Darum geht es Jesus. Sein Thema ist mit dieser Gleichnisgeschichte nicht, ob es Barmherzigkeit im Himmel gibt und wie es jedem und jeder Einzelnen von uns vielleicht nach dem Tode geht. Bleiben wir da bitte nicht mit unseren Gedanken hängen! Es geht Jesus um Gerechtigkeit.

Denken wir an die Waage. Wenn Kinder im Kaufmannsladen die eine Waagschale beladen, dann werden sie probieren, so lange, bis die Waage in der Waage ist. Leben gelingt nur ausgewogen, das wissen wir von uns selbst, und wie viel mehr gilt das für unsere menschliche Gesellschaft. Da kommt es nicht darauf an, dass sich die eine Waageschale mal ein wenig nach oben bewegt und die andere nach unten. Insgesamt müssen sie sich ungefähr im Gleichgewicht halten. Das versuchen die Kinder und so wünschen sich die meisten von uns die Welt. So deuten wir das Wort Gerechtigkeit. Ich glaube auch, dass die Bibel uns in ihrer Gesamtheit ein ausgewogenes Bild von Gerechtigkeit vermittelt, Leben im Gleichgewicht.

Jesus nicht. Es gab in seiner Zeit nur das Oben oder Unten, das Reich oder Arm, mächtig oder machtlos sein, dazwischen war nichts. Und darum spricht er so eindeutig: In meinem Reich wird unten und oben verkehrt. Klare Botschaft an Arme und Reiche. Mit seinen knallharten Bildern vom garstigen Graben zwischen oben und unten will Jesus den Ernst der Lage darstellen. Kein Herumlavieren, Sichentschuldigen, Verschlafen gilt, sondern entweder – oder, oben oder unten.

2000 Jahre nach dieser Rede steht es nicht viel anders um die Welt. Nach Berechnungen von Oxfam aus dem Jahr 2014 verfügen die reichsten 85 Menschen über denselben Reichtum wie die ärmere Hälfte der Erdbevölkerung zusammen. Jesus würde heute nicht anders reden als zu seinen damaligen Zuhörenden. Denn er muss aufrütteln.

[4. Der Trost]

Gibt es keinen Trost? Der Trost liegt im Hinweis auf Mose und die Prophetinnen und Propheten. Der Trost liegt darin, dass Jesus selbst uns warnt. Gewiss, zunächst wird nicht getröstet. Es wird dem Reichen sogar die Linderung seiner Schmerzen verweigert, auch das sonst für ihn so leicht von der Hand gehende Reden, Bitten und Handeln hilft ihm am Ende nicht.

Jesu Trost liegt woanders in der Geschichte. Wir brauchen keine Warnungen. Wir wissen jetzt schon, welches Leben Gott will. Wir können jetzt schon umkehren. Jesus könnte auch sagen: „Richtet euer Leben wieder aus nach dem, was ihr aus den Erzählungen mit Mose, Miriam und Aaron, mit den Erfahrungen des Volkes Gottes kennt. Haltet fest an eurer Verbindung mit Gott. Lebt im Sinne der Gebote. Lasst euch zurechtrücken in den Botschaften der Propheten. Sie sind wie Hinweisschilder, Warnrufende, damit ein Volk wieder ins Gleichgewicht kommt, in Waage: Behütet die Witwen und Waisen, entbindet die Verschuldeten, lasst die Gefangenen frei, eure Äcker sollen ausruhen können, baut und pflanzt und zieht Kinder auf, eure Armeen und Soldaten werden euch nichts nützen. So geht die Rede der Prophetinnen und Propheten in Israel durch die Zeiten. Ihr kennt das alles!", sagt Jesus. „Mehr braucht ihr nicht." Keine Wunder von Toten, ja wir können dazudenken: nicht mal eine, nicht mal Jesu Totenauferweckung ändert etwas daran.

Nur eins ist wichtig: „Haltet euch daran, was ihr von Mose und den Prophetinnen und Propheten wisst, schlagt die Bibel auf, von Beginn an, lest und lebt es. Dann kommt nicht nur euer Leben wieder in Waage. Auch euer Miteinander als Menschen wird gerechter. Denkt an Abrahams Schoß und kehrt um, jetzt schon im Leben! Wenn nicht – na dann …" Amen.

Vorschläge für das Predigtlied

EG 420	Brich mit den Hungrigen dein Brot
EG 412	So jemand spricht: „Ich liebe Gott" und hasst doch seine Brüder

Fürbittengebet

Wir beten für die oben, denen alles gelingt, die alles haben. Öffne ihre Augen, Gott, dass sie erkennen, auf wessen Kosten sie so leben.

Wir beten für die unten, würdelos, in Armut, verstrickt im Strudel in die Tiefe. Öffne ihre Augen für die Hoffnung, von der Jesus spricht.

Wir beten für uns, dass wir einen Blick bekommen dafür, wie ein Leben in gerechten Verhältnissen gelingt.

Wir beten für Verantwortliche in Politik und Gesellschaft, denen Macht gegeben ist, etwas zu ändern.

Wir beten für uns alle. Lehre uns, umkehren zu können. Lass es uns nicht aufschieben, heute schon etwas zu verändern für ein Leben in Waage.

Ruth-Elisabeth Schlemmer

2. Sonntag nach Trinitatis

Lukas 14,16–24

Liebe Gemeinde!

Ich sehe sie. Sie klettern den Zaun hinan, den hohen, den scharf gezackten, den mit den Stacheln, zu stechen bis aufs Blut. Wie Trauben hängen sie am Zaun, hoch hängen sie. Dort an der Grenze zur spanischen Exklave in Marokko. Ich sehe sie. Ich sehe ein Boot. Emporgehoben und hinabgesenkt. Wellenkämme und Wellentäler. Unglückliche schweben auf dem Wasser. Es ist das Meer zwischen Afrika und Europa. Schwer beladen der klapprige Kahn. Lebende Fracht. Menschen. Enge zum Ersticken. Gefunden von Scheinwerfern der Wacht am Rand. Hunderte Augen blicken in die Ferne. Eine Ferne ohne Gesicht. Ich sehe sie. *„Kommt, denn es ist alles bereit!“* So steht es im Evangelium bei Lukas.

Die Überschrift des Abschnittes, den wir eben in der Evangelienlesung gehört haben, lautet: *Das große Abendmahl.* Und diese Überschrift lenkt nun meine Gedanken und Blicke. Nach innen. Ich sehe mich. Zu meiner Konfirmation stehe ich vor dem Altar. Unbändiges Glucksen steigt auf. Heilige Überforderung. Mein Konfirmandenunterricht diente der Zulassung zum Abendmahl, wie es hieß: Erklärungen und Veranschaulichungen mit dem Ziel, das Mahl Jesu Christi zu begreifen und zu glauben. Und würdig zu werden, würdig vor allem. Und das ist dann mit mir mitgegangen, ohn' Unterlass: „Wer nur unwürdig von dem Brot isst oder aus dem Kelch trinkt, der wird schuldig sein am Leib und Blut des Herrn“, schreibt der Apostel Paulus im 1. Korintherbrief (11,27).

Selbstverständlich habe ich das bezogen auf meine Reife. Tief verwurzelt der Anspruch, die Bedingungen zu erfüllen für die Teilnahme am Abendmahl: Das sind Ernsthaftigkeit und ein reifes Verständnis für diese ungeheure Gnade. Am Abend habe ich gebetet, wie mich meine Mutter beten gelehrt hat:

Müde bin ich, geh zur Ruh, schließe meine Augen zu, Vater lass die Augen dein über meinem Bette sein. Hab ich Unrecht heut' getan, sieh es lieber Gott nicht an, deine Gnad' und Jesu Blut machen allen Schaden gut …

Ich sehe mein Christenlehrebuch „Schild des Glaubens" mit den Bildern von der Leidensgeschichte Jesu. Ich sehe das Bild dieses verlorenen und gequälten Menschen. Es hat mich Kind zu Tränen gerührt. Das Fragen nach ihm lag in solchem Wasserbett. „Deine Gnad' und Jesu Blut machen allen Schaden gut …" Wie das? „Blut macht Schaden gut …"? Das Blut unseres Herrn Jesus Christus! Denke nur, was er alles für dich getan hat, für dich, du kleiner Wicht! Er hat diese Qualen auf sich genommen, die du ja kennst aus der großen Passionsgeschichte! Und er ist gar für dich gestorben! Er hat dich doch so lieb!

Wie lebt es sich eigentlich mit der Behauptung, dass da einer für mich gestorben ist? Kann ich mir das vorstellen? Ungeheuerlich ist das. Unheimlich. Und noch dazu vor ungefähr zweitausend Jahren …! Entschuldigen Sie, Herr Jesus, das kann ich doch nicht annehmen! „Hab ich Unrecht heut getan, sieh es lieber Gott nicht an, deine Gnad' und Jesu Blut machen allen Schaden gut …" Dennoch: Eine dunkelwarme Tiefe und zugleich eine riesige Beruhigung, mit einem Licht wie die durchbrechende Sonne: „Allen Schaden gut …", wirklich allen! „Es ist alles gut, komm in meine Arme!" Wenn das eine zu mir sagt! In unruhige Gewissen hinein und so auf ihr Recht verzichtet! Dann geht eine Türe auf. Hinaus ins Freie, trunken vor Licht und Luft.

„Kommt, denn es ist alles bereit! Selig ist, der das Brot isst im Reich Gottes!" Das große Festmahl Gottes. Ich sehe die Eingeladenen bei Lukas. Nüchterne, realistische Menschen, mit beiden Beinen auf der Erde, sie haben das Wirtschaften und das Rechnen gelernt, sie haben ihre Geschäfte. Deswegen kommen sie nicht. Es sind handfeste Gründe. Die Entschuldigung ist einleuchtend. Okay, würde ich sagen. Aber der Ton stimmt irgendwie nicht! Es sind im Grunde eben Ausreden. Wer kennt das nicht. Ausreden. Ich sehe mich am Telefon auf eine Einladung antworten. Daran denkend, meine Gärtchen, meine Zeit, mein eigenes Leben zu schützen. Tief ist das Bedürfnis. Und wir müssen schließlich alle unsere Kräfte und auch unser Geld zusammenhalten!

Am Ende jedoch sind es nichts weiter als überzeugende Selbstbetrugsausreden: Als ob das Brot allein am besten schmeckte oder gar kostbarer würde, weil selber bezahlt oder gar weniger würde, wenn andere davon mitessen. Es sind Selbstbetrugsausreden in den Ausmaßen des Reiches Gottes, es sind Ausreden von globaler Bedeutung. Und vielleicht auch Ausreden geliebter Verlegenheit und angstvoller Überforderung: Wo sollen sie denn alle hin? Und wie denn? Ich sehe die Eingeladenen. Ich sehe die Zäune und die Boote.

„Kommt, denn es ist alles bereit! Selig ist, der das Brot isst im Reich Gottes!" Wer ist dazu würdig? Paulus redet im 1. Kor. nicht von einer tief versteckten inneren Anständigkeit und dem reinen Glauben, sondern allein von der Lieblosigkeit, mit der die Gemeinde das Abendmahl feierte: So hatten die einen sich schon sattgegessen und nicht gewartet auf die anderen, die armen Leute, die erst später kommen konnten …

Wer ist würdig? „Es war ein Mensch, der machte ein großes Abendmahl und lud viele dazu ein …" Die einzige Bedingung, an diesem Abendmahl teilzunehmen, ist in unserer Geschichte doch wohl nur, sich anrühren zu lassen von dieser Liebe und die Einladung anzunehmen. Allen gilt sie. Ich sehe den Zaun und ich sehe das Boot. Was ist, wenn die große Sehnsucht und die große Hoffnung auf das Gastmahl der Geschwisterlichkeit aller Menschen sich gar nicht mehr regen und der Verlegenheit und der Lähmung zum Opfer fallen? Wenn es vernünftiger erscheint, nicht mehr an die große Einladung zu glauben und nicht mehr davon zu künden? Weil die vielen doch nur Angst machen? Und weil alles doch niemals zu organisieren und bezahlbar ist? Was ist, wenn die große Einladung Gottes klein gemacht wird, klein wie ein ängstlicher Sinn und eine Versicherungspolice?

„Selig ist, der das Brot isst im Reich Gottes!" Ich sehe ein großes Bild. Der Tisch ist gedeckt, überquellend, mitten in der Welt, und die Kirchen werden durchsichtig, und es scheinen hindurch Barmherzigkeit und die Sehnsucht nach Leben und Gerechtigkeit und Frieden. Ich sehe uns hungrig und durstig werden mit den Hungrigen und Durstigen nach einem Leben in Glück und Gerechtigkeit.

„Würdig"? Das Lukas-Evangelium reißt die Türen auf. Und das Abendmahl wird Sinnbild und Feier für Gottes Großherzigkeit. Nicht, wie denn Brot und Wein Christi Leib und Blut werden können, ist die große Frage, sondern welche verwirrenden Mittel Gott findet, sich auf uns einzulassen, sich in Brot und Wein zu verstecken als den gültigen Zeichen seiner Liebe, die wir mit allen teilen und sie gar auf der Zunge zergehen lassen können … Da gibt es keine Zähne und Zäune und Mauern und Meere uns zu trennen von dieser Liebe. Nichts kann uns trennen. Nichts kann sie trennen vom Leben, die hinter den Zäunen und auf dem Meer. Das ist wohl eine Vision über den Horizont hinaus. Zu feiern heute.

„Kommt, denn es ist alles bereit!" Ich sehe. Am Abend des 7. September 1994 öffnet die Stadtkirche St. Michael in Jena ihre Türen. Rasch sind fünf große Zelte in der Kirche aufgestellt.[1] Das Kirchenasyl für armenische Kriegsflüchtlinge beginnt. Viele Helfer, sofort auch Zeitung, Fernsehen, Behörden und Besucher, bald auch Küchenduft im Kirchenraum, Kinderlärm im Orgelklang. Mancher wollte das Trockenklo neben dem Altar in Betrieb gesehen haben … Besser konnte wohl das Leben am Rande gewohnter und geliebter bürgerlicher Kirchlichkeit nicht fantasiert werden.

Ob der Rechtsstaat mit dem Kirchenasyl in Frage gestellt würde? Die Entgegnung: Kirchenasyl kommt aus einer Gewissensentscheidung und aus der Sorge um die menschenrechtliche Dimension geltender Gesetze. Anstrengungen am Rande der Legalität. Leben am Rande des Normalen und gerade hier diese Vision: Gottes Haus wird zur Zuflucht dem Suchenden und Fliehenden. Ohne jede Bedingung. Kirche kommt zu sich selber, indem sie über sich hinausweist. „Macht hoch die Tür …!"

Christen und Nichtchristen bewegt von der Mühe um Menschlichkeit. Erfahrungen zuvor: Es ist die vielfältige und dunkle Furcht vor unheimlichen Fremden. „Schrebergartenangst …wer wird denn da einbrechen …?" Veränderungen in tiefgefrorenen Einstellungen gelingen durch die Wärme, durch den Funkenflug der Blickkontakte, den Blitz der Barmherzigkeit. Ich sehe. Es ist eine Vision, die vorüberzieht, eine Vision, die nicht umgesetzt werden wird eins zu eins in ein effektives Welthilfsprogramm. Und doch ist es eine Wirklichkeit, die aufscheint am Horizont und die kommen wird nach dem Evangelium Gottes und seiner großen Einladung.

---

1   Siehe Foto auf der beigelegten CD-ROM.

Und ich sehe diese merkwürdige Barmherzigkeit Gottes in meinem Kindergebet. Sie lässt mich nicht los bis heute.

„Hab ich Unrecht heut getan, sieh es lieber Gott nicht an, deine Gnad' und Jesu Blut machen allen Schaden gut!" Allen Schaden … Sein Leiden ist für alle Ewigkeit genug. Amen.

Vorschläge für das Predigtlied

EG 221   Das sollt ihr, Jesu Jünger, nie vergessen
EG 225   Komm, sag es allen weiter

Fürbittengebet

Lieber Vater, barmherziger Gott,

weil du uns gerufen hast, sind wir hier. Wir suchen dich, wir singen und beten und wir feiern deinen Tag. Wir danken dir für dein Evangelium und dein Abendmahl. Wir leben mühsam oft und doch auch voller Freude, immer wieder. Wir leben von deiner Erde und dem Brot, wir leben von dem Licht und den Menschen mit uns. Wir leben von deiner Barmherzigkeit, Tag für Tag. Wir danken dir dafür.

Wir bringen vor dich unsere Lebenskraft und unsere ganze Sorge und die Angst. Es ist die Sorge um unsere Welt und um unsere nächsten Menschen. Wir bringen vor dich die Einsamen und die Angstvollen, die Kranken und die Verzweifelten, sie sind hier neben uns, wir kennen Namen. Und viele Menschen ohne Namen. Sie durchziehen unsere Welt. Verfolgt und gequält, voller Sehnsucht nach Frieden und Gerechtigkeit, auf der Flucht zu Brot und Liebe. Nimm uns die Angst vor den Fremden und gib uns ein Herz, zu helfen und zu sättigen und zu trösten. Lass uns nie vergessen dein großes Festmahl, dessen Vorschein wir feiern können, heute schon im Gottesdienst und in der Barmherzigkeit für die Armen.

Lass uns nie vergessen dein großes Festmahl, nach dem wir uns sehnen. Dort wo Frieden und Gerechtigkeit sich küssen und wo du alle Tränen von den Augen wischen wirst und der Tod nicht mehr herrschen kann in Ewigkeit. Dir sei Ehre in Ewigkeit.

Vater unser

Michael Dorsch

3. Sonntag nach Trinitatis

Lukas 15,1–3.11b–32

Liebe Gemeinde!

Das Evangelium von heute ist so schön, so wichtig, so groß! Es ist die wunderbarste Geschichte, die Jesus erzählt hat. Es lohnt sich, sie ins Gedächtnis einzuprägen, sie im Herzen zu bewegen, sie mitzunehmen als Proviant auf den Lebensweg. Ich kann diese große Geschichte nicht ausschöpfen in einer kurzen Predigt – auch in einer langen nicht! Und groß erklären muss man sie ja gar nicht, sie spricht doch schon längst unser Herz an. Hier also nur ein paar Ausrufezeichen und Unterstreichungen für dieses Evangelium im Evangelium, für diesen Kern der Jesusbotschaft. Willst du einem Nichtglaubenden oder Zweifelnden klarmachen, welche Botschaft Jesus hat und warum sein Gebet mit „Vater unser" anfängt, dann erzähl ihm diese Geschichte.

Der jüngere Sohn will weg von zu Hause – warum, wird nicht gesagt. Hat er sich zu Hause gelangweilt? Hat er Streit mit dem Vater? Sieht er zu Hause für sich keine Perspektive? Reizt ihn das Neue, ist er gespannt auf die große, weite Welt? Will er selbstständig werden? Wir erfahren es nicht. Jedenfalls schleicht er sich nicht einfach weg, er reißt nicht aus, sondern er sagt seinem Vater vorher Bescheid und will auch den Vermögensanteil ausgezahlt bekommen, der ihm zusteht.

Und der Vater, was macht der? Der schimpft nicht, der ist nicht gekränkt, und von Ermahnungen oder Appellen hören wir auch nichts. Vielmehr gibt er seinem Sohn, was ihm zusteht, und lässt ihn gehen. In einer Gesprächsrunde mit Konfirmanden-Eltern über diesen Text meinten einige, vor allem Väter: „Also, das war doch nicht richtig! Der Vater hätte wissen müssen, dass sein Sohn nicht mit Geld umgehen kann. Er hätte ihm das nicht geben dürfen. Ja, er hätte ihn überhaupt nicht weggehen lassen dürfen. Er hätte doch wohl voraussehen können, dass das schiefgeht!"

Ja, was meinen Sie, warum macht der Vater es trotzdem? Warum lässt er den jüngeren Sohn einfach laufen? Warum hindert er ihn nicht? – Antwort: Weil er ihm

Freiheit lassen will, weil er ihn nicht zwingen will, weil er ihm das Recht gibt, seinen eigenen Weg zu gehen und seine eigenen Erfahrungen zu machen. Die Eltern unter uns wissen, wie schwer das ist – aber auch, wie notwendig es ist, sein Kind freizulassen, es seinen eigenen Weg gehen zu lassen.

Hier im Gleichnis führt der Weg in den allerdicksten Schlamassel. Der Sohn verjubelt das Vermögen, gerät in eine Hungersnot und landet bei den Schweinen im Dreck. Ein Schweinehirt, das ist so ungefähr der mieseste Job, den man sich in Israel vorstellen konnte. Und jetzt, wo er so richtig tief im Schlamassel steckt, da denkt er: Ich will zurück zu meinem Vater!

Nun kommt es zu dieser Szene, die die großen Künstler als Höhepunkt der Geschichte gesehen und so oft gemalt haben: wie der heruntergekommene, zerlumpte Sohn zurückkehrt – und der Vater hat ihn schon sehnlichst erwartet, er sieht ihn von ferne und hat Erbarmen und vergisst alle Vorwürfe und strahlt vor Freude und lässt alle gebotene Würde und Form hinter sich und rennt los, ihm entgegen, und fällt seinem Kind um den Hals und küsst es und gibt ihm Kleid und Schuhe, steckt ihm den Ring an, lässt einen Extrabraten kommen und feiert ein rauschendes Fest.

Schon wieder kann man fragen: Warum macht er das? Man hätte doch erwartet, dass er den Heimkehrer erst mal arbeiten lässt, nach dem Motto: „Jetzt sei mal fleißig und beweise mir, dass du dich bessern willst, dann werden wir weiter sehen." Das hätte auch der ältere Bruder so erwartet, der zu Hause geblieben war. Deshalb macht er dem Vater solche Vorwürfe: „Was soll das? Diese Freude, die Geschenke, das Fest – das hat der Kerl doch gar nicht verdient. Ich begreife das nicht!" Er ärgert sich über den Vater, und diesen Ärger kann man verstehen. Gerecht ist es nicht, was der Vater da tut, und pädagogisch korrekt ist es vielleicht auch nicht.

Aber genau das will Jesus mit dieser Geschichte sagen: Bei Gott ist die Liebe doch viel wichtiger als alles Verdienen und alle Gerechtigkeit. Er freut sich eben einfach, wenn wir zu ihm zurückwollen, er sehnt sich nach uns, er kommt uns entgegen, nimmt uns mit offenen Armen auf, er verzeiht uns und macht einen neuen Anfang.

Diese Jesusbotschaft soll jeder von uns heute für sich mitnehmen: Du magst ganz unten sein, du magst in deinem Glauben weit weg sein von deinem Ursprung, dein Leben mag ganz anders verlaufen sein als ursprünglich geplant, du magst dich noch so weit entfernt haben von dem, was man für richtig und normal und gelungen hält – Gott gibt dich nicht auf. Er ist nur ein Gebet weit von dir entfernt. Du bleibst sein Kind. Er kennt deine Sehnsucht, er wartet auf dich. Er kommt dir entgegen, und du kannst heimkehren. Amen.

Vorschläge für das Predigtlied

EG 369   Mir ist Erbarmung widerfahren

EG 315   Ich will zu meinem Vater gehen

Fürbittengebet

[Liturg(in):] Gott, du guter Hirte,

du suchst und findest, was verloren ist. Für alle, die sich im Leben verlaufen haben, die nicht mehr weiter wissen und keinen Ausweg sehen, für alle, die ganz unten sind, rufen wir zu dir:

[Liturg(in) und Gemeinde:] Herr, erbarme dich!

[Liturg(in):] Für die Menschen, die dich nie kennen gelernt haben, für die Menschen, die sich nach dir sehnen, für die Menschen, die nach dir fragen und dich suchen, rufen wir zu dir:

[Liturg(in) und Gemeinde:] Herr, erbarme dich!

[Liturg(in):] Für alle, die von dir enttäuscht sind, für alle, die sich von dir verlassen fühlen, für alle, denen die Last ihres Lebens zu schwer wird, rufen wir zu dir:

[Liturg(in) und Gemeinde:] Herr, erbarme dich!

[Liturg(in):] Vor dich bringen wir die Menschen, um die wir uns besonders sorgen, und nennen dir ihre Namen in der Stille:

[Stille]

Wir rufen zu dir:

[Liturg(in) und Gemeinde:] Herr, erbarme dich!

[Liturg(in):] Nimm dich unser gnädig an, rette und erhalte uns! Denn dir allein gebührt der Ruhm und die Ehre und die Anbetung, dem Vater und dem Sohn und dem Heiligen Geist, jetzt und immerdar, und von Ewigkeit zu Ewigkeit. Amen.

Johannes Krause-Isermann

4. Sonntag nach Trinitatis

Lukas 6,36–42

Liebe Gemeinde!

In diesen Wochen ist wieder alle Welt unterwegs. Die einen nach Griechenland, die anderen nach Mallorca, wieder andere wollen ganz weit weg, nach Thailand oder nach Mexiko. Auf den Flughäfen und Bahnhöfen herrscht ein ziemliches Gedränge. Die meisten kommen knapp zum Einchecken. Da muss man jetzt schnell machen. Wer nicht gerade im Flugzeug auf die Toilette gehen will, der erledigt das besser noch vorher am Boden. Also schnell noch das Örtchen aufgesucht. Da muss man leider warten, weil viele das gleiche Bedürfnis haben. Bei den Männern geht es schnell hinein und heraus. Die Frauen stehen vor der Tür. Am Eingang sitzt ergeben die Reinemachfrau mit ihrem Wischmopp. Jeder geht an ihr vorbei. Es gibt schließlich Wichtiges zu tun: nach dem Gepäck sehen, die Bordkarten suchen, die Familie beisammenhalten. Ab und an klimpert ein Geldstück auf den Teller. Weiter geht's. Geldbörse wieder einstecken, Hose noch einmal richten. Jetzt geht es ab in den Urlaub!

Einer bleibt stehen bei der Frau mit dem Wischmopp. „Danke, dass Sie das immer so sauber halten." „Ja", sagt sie, „das ist nicht einfach. Bei den Frauen geht es ja, aber bei den Männern …" Sie strafft die Schultern und schiebt ihren Mopp durch die Wartenden in Richtung Toilette.

Liebe Gemeinde, könnte Jesus diese Geschichte erzählen? – Na gut, damals gab es noch keine Flughäfen und keine Bahnhöfe, und die Toiletten sahen sicher auch anders aus. Aber Menschen gab es. Und die werden vermutlich nicht viel anders gewesen sein als wir heute und hier. Es gab schon immer Menschen, die ihre Gedanken um sich selbst versammelt hatten. Die haben damals wie heute andere nicht wahrgenommen. Und sicher haben sie das nicht böse gemeint. Sie waren nur in Gedanken schon woanders. Im Geiste waren sie vielleicht schon auf dem Feld oder im Tempel. So wie wir heute nach der Arbeit nach Hause fahren – da sind wir ja auch schon manchmal nicht mehr richtig bei der Sache. Da denken wir schon an das alles, was uns erwartet an Aufgaben und Erholung. Da rennt man manchmal an Menschen vorbei. An Menschen, die doch eigentlich wichtig sind.

Vermutlich passiert das nicht nur auf Flughäfen und Bahnhöfen. Es ist eine allgemeine Einstellung. Das trifft Busfahrer und Kassiererinnen an Supermarktkassen in ähnlicher Weise wie Kellnerinnen und Müllmänner. Da nützt auch das persönliche Namensschild. Schließlich weiß man Bescheid. „Mach ja eine ordentliche Ausbildung!", so wird die Tochter ermahnt. „Sonst musst du an der Kasse sitzen oder putzen gehen". Die Müllabfuhr ist wichtig – aber sind es uns die Fahrer, sind es uns die Menschen auch?

Schließlich weiß man doch Bescheid. Menschen aus Rumänien gehen meist auf Diebestour, und die meisten Flüchtlinge sind ja doch nur hier, weil sie sich am Sozialstaat bereichern wollen. LKW-Fahrer aus Rumänien und russische Mafia, die da unten und die aus dem Osten, die aus dem Nachbardorf, die von drüben oder die von hüben – die Welt ist eingeteilt, wie wir sie brauchen können. Das ist auch nicht böse gemeint und das passiert uns allen. Mehr oder weniger fix. Vielleicht kann man auch Ordnung nicht leben? Oft ist es auch sehr kompliziert, in allen Ländern um die politische Lage zu wissen, die Machtverhältnisse zu kennen und die Lebensumstände von Flüchtlingen nachempfinden zu können. Schneller geht es allemal, wenn Menschen in Schubladen einsortiert werden. Das werden wir – auch bei uns – selbst nicht ganz verhindern können.

Und deshalb könnte Jesus vermutlich auch die Geschichte von der Toilettenfrau auf dem Flughafen erzählen. Wir werden uns an dem Ort des Geschehens stören. Vielen ging das auch damals so: Wie kann dieser Jesus mit Zöllnern und Huren, mit Ehebrecherinnen und Fischern reden? Wieso wird er in einem ganz und gar unromantischen Stall geboren und wieso hören es als Erste nicht die, die Bescheid wissen, sondern diese zwielichtigen Gestalten, die Hirten? Wieso stehen die im Glanz des Himmels und in der Melodie des Engelsgesangs und nicht die Musiker und Priester im Tempel?

Mit den passenden Orten und den passenden Gestalten hatte es Jesus nicht so sehr. Das, was er zu sagen hatte, war genauso wie sein Handeln nicht recht einzuordnen. Auf der einen Seite lebt er wie ein frommer Jude und erfüllt alles, was man erfüllen muss. Und plötzlich bricht er auf der anderen Seite Gesetze, um Menschen in Not zu helfen und sie zu heilen. Woran soll man sich da halten? Da gibt es ja keine Ordnung mehr! So zumindest dachten viele der damals bedeutsamen Menschen, viele Priester und die meisten Wohlhabenden. Deshalb sollte Jesus ja auch weg. Deshalb musste er umgebracht werden. Die Ordnung war in Gefahr. Und das auch, weil plötzlich Menschen eine Rolle spielten, die man sonst nicht wahrnahm. Da wurde der Steuereintreiber wichtig, der plötzlich erkannte, dass er aus dem Kreislauf des Betrügens ausbrechen kann. Da kommt der Fischer in den Blick, der alles stehen und liegen lässt, weil er der Idee folgt, die er für die wichtigste zum Heil der Welt hält. Der Blinde am Wegesrand, der Aussätzige, der Lahme und all die anderen.

Von all diesen Menschen erzählen die Geschichten in der Bibel. Und sie haben immer dieselbe Botschaft: Werdet nicht Gefangene eurer eigenen Ordnung! Steckt die Menschen nicht voreilig in Schubladen und sperrt sie nicht in euren Ordnungen ein! Richtet nicht! Verdammt nicht! Und vor allem: Liebe Gemeinde, seid barmherzig, wie auch euer Vater barmherzig ist. So haben wir es heute im Evangelium gehört. So ist es damals zu den Menschen, die zuhörten, gesagt worden und zu den Jüngern, also der Gemeinde um Jesus herum. So hat gerade der Evangelist Lukas es in dieser Form aufgeschrieben, um es den frühen Gemeinden zu erhalten, und so wird es auch in unserer Kirche gesagt. Seid barmherzig, wie es auch Vater ist. Und zwar nicht nur an den passenden Orten, sondern bei den Hirten auf dem Felde genauso wie im Bus, im Supermarkt und auf dem Flughafen. Seid barmherzig.

Liebe Gemeinde, man weiß nicht, wie das auf dem Flughafen weiterging. Genauso wenig hat man erfahren, ob sich das Leben all der Geheilten nachhaltig und dauerhaft verändert hat. Ob sie nun ganz fröhlich, ganz frei und ganz beweglich geblieben sind. Aber es kommt auch nicht darauf an. Barmherzigkeit wird nicht gemessen am Erfolg unseres Handelns. Unserer Verantwortung ist das entzogen, was eine aus dem anerkennenden Wort macht. Wir haben auszustreuen und weiterzugeben, was uns selbst widerfahren ist. Seid barmherzig, wie auch euer Vater barmherzig ist – das ist ein zentraler Satz im Lukas-Evangelium und es wird auch für Jesus eine Wahrheit aus der Mitte seiner Verkündigung, seines Redens und Handelns gewesen sein.

Vielleicht retten wir die Welt nicht durch Barmherzigkeit. Aber wir kommen ein ganzes Stück weiter, wenn wir uns von der Veränderung der Blickrichtung anstecken lassen. Wir werden freier, wenn wir aufhören, immer wieder demselben Muster zu folgen: Schublade auf, Mensch rein – schließlich wissen wir Bescheid. Nein, wir wissen nicht Bescheid über die, die wir einsortieren. Wir wissen viel zu wenig über Flüchtlinge und Menschen in den betroffenen Ländern. Wir wissen viel zu wenig über Busfahrer und Müllmänner. Wir wissen meist auch zu wenig über uns selbst. Es hilft uns und anderen nichts, wenn wir verurteilen und verdammen. Wir sperren andere in Ghettos und wir werden allzu leicht auch selbst Gefangene unserer eigenen Ordnung.

Als „Bescheidwisser" fühlen wir uns plötzlich abhängig von anderen, die über uns Bescheid wissen. Da gehen für uns selbst die Schubladen auf wie Falltüren. „Wie kann der darüber reden, wie man als Christ leben soll – der geht doch selber nicht jeden Sonntag in die Kirche …", wispern die Stimmen. Oder andersherum: „Die rennt jeden Sonntag in die Kirche – bildet die sich vielleicht ein, etwas Besseres zu sein …" Schubladen nehmen gefangen. Verurteilung und Verdammung verletzen. Wo Anerkennung fehlt, wächst der Zweifel. Und wo der Selbstzweifel durch die wispernden Stimmen genährt wird, da wächst die Angst. Die Angst, nicht wahrgenommen zu werden, nicht bestehen zu können, nicht gut genug zu sein, nicht geliebt zu werden.

„Hört auf damit", sagt Jesus mit anderen Worten. „Ihr habt das doch gar nicht nötig. Ihr seid doch wahrgenommen worden von Gott. Und ihr seid geliebt von eurem Vater. Nicht weil ihr euch besonders bemüht und nicht erst dann, wenn ihr auch barmherzig verhaltet. Nein, Gott hat jeden von euch lieb, wie er ist. Er hat die Menschen lieb, wie sie sind." Jesus könnte fortfahren: „Und wie ihr euch verhaltet, das ist der zweite Schritt. Einer nach dem anderen. Werdet euch bewusst, dass Gott euch lieb hat, und dann Liebe weitergebt. Euer Vater ist barmherzig zu euch. So könnt ihr nun selbst barmherzig sein."

Liebe Gemeinde, ich vertraue darauf, dass das so ist. Deshalb möchte ich anderen so begegnen, wie uns Gott begegnet: Wahrnehmend, anerkennend, liebend – barmherzig. Dann ist alles, was folgt, keine Ermahnung, sondern notwendige Folge der einzigen Voraussetzung: Gott selbst hat aufgehört uns hier und heute zu richten und zu verdammen. Warum sollte ich es weiter tun?

Unser Handeln aus dem, was wir empfangen haben, ist Gott nicht egal. Es ist nicht gleichgültig, ob wir das, was wir selbst an Barmherzigkeit und Vergebung erfahren haben, nur für uns selbst behalten oder ob wir es weitergeben. Unser Handeln hat Folgen – und was für welche! „Richtet nicht – so werdet ihr nicht gerichtet. Verdammt nicht, so werdet ihr nicht verdammt. Vergebt, so wird euch vergeben." „Gebt, so wird euch gegeben. Ein volles, gedrücktes, gerütteltes und überfließendes Maß wird man euch in euren Schoß geben; denn mit dem Maß wird man euch wieder messen." – Was will man denn mehr?!

Sicher, zuerst erinnert das an die sogenannte „Goldene Regel" des menschlichen Zusammenlebens: „Was du nicht willst, das man dir tu, das füge keinem anderen zu." Positiv gesagt: „Wie die anderen zu dir sein sollen, so sei du zu ihnen." Ja, sicher darf man nicht darauf rechnen, dass es aus dem Wald herausschallt, wie man hineingerufen hat. Es gibt keine Garantie für Wohlergehen durch gute Taten. Vielleicht werden wir uns und die Welt nicht retten. Aber einzig so besteht eine Chance: Ich fange bei mir selbst an. Ich übe in ganz kleiner Münze die Barmherzigkeit. Ich gebe weiter, was ich selbst empfangen habe. Dabei lässt sich die Erfahrung machen: ich werde selbst freier, wenn ich barmherzig bin. Ich werde freier von der Anerkennung in den Ordnungen der Welt. Ich werde freier von der Selbstwertschätzung mittels Geld, Besitz, Gesundheit und Macht. Ich werde freier von den Urteilen anderer und ihrem Wispern. Und so kann sich in der Welt wirklich etwas ändern.

Aber darüber hinaus ist es vor allem eine Zusage Gottes: Nicht nur bei den Mitmenschen, auch und vor allem bei Gott wird unser Handeln Folgen haben. Liebe geschieht voraussetzungslos, aber nicht folgenlos. Barmherzigkeit und Vergebung bleiben nicht ohne Wirkung. Es ist immer ein Hinweis, wie Gott selbst zu uns ist: Nicht der messbare Erfolg zählt, sondern die Tat. Das einzelne Hinsehen, das einzelne Vermeiden des abschließenden Urteils, das einzelne Vergeben – all das ist für Gott entscheidend. Nichts muss abgerechnet werden. Es muss nur getan werden. Und es wird – wie auch immer – in der Fülle enden.

Liebe Gemeinde, da hat einer mitten auf dem geschäftigen Flughafen einen Menschen wahrgenommen und anerkannt. Man weiß nicht, was daraus geworden ist. Vielleicht hat die Toilettenfrau gebrummelt, vielleicht hat sie nicht genau gewusst, was sie davon halten soll, vielleicht hat sie sich gefreut und zu Hause davon gesprochen. Dieser Fortgang interessiert nicht mehr. Er würde sich bestenfalls für erbauliche Geschichten eignen. Wichtig ist, dass da einer anhält und in ganz, ganz kleiner Münze die Ordnung der Welt an dieser einen Stelle durchbricht. Dazu will uns das Tun und Reden von Jesus Mut machen. Dazu will er selbst immer wieder ermutigen: Seid barmherzig, wie auch euer Vater barmherzig ist. Und an ihm können wir sehen, wohin das führt – durch den Tod hindurch in ein ewiges Leben, in ein Leben der Fülle. Es führt zum Heil der Welt. Amen.

Vorschläge für das Predigtlied

EG 389   Ein reines Herz, Herr, schaff in mir

EG 409   Gott liebt diese Welt

Fürbittengebet

Allmächtiger und barmherziger Gott,

wir danken dir für alles, was wir bekommen haben: Gleichnisse und Worte in den Evangelien, Lieder und Zeugnisse von Vätern und Müttern im Glauben. Wir danken dir, dass du selbst zu uns gekommen bist und uns mutig machen willst. Wir danken dir für alles, was durch deine Liebe heute um uns geschieht. Wir danken dir, für deine Nähe zu uns. Du forderst nicht eine Leistung und eine Bewegung, bevor du gibst.

Du bist barmherzig. Dein Herz ist offen für uns. Du trittst mitten unter uns und wir können deinen Frieden spüren und froh werden. Wir danken dir, dass du unsere Zweifel ernst nimmst und dich von unserem Unvermögen nicht verbittern lässt. Fehler und Schuld gehören zu unserem Leben und du zeigst uns immer wieder Wege zu Hoffnung und Gewissheit.

Wir bitten dich für uns. Lass uns immer wieder erfahren, was uns hält und trägt. Komm mitten unter uns. Hier und heute. Und zu allen Zeiten und an allen Orten unserer Sorge und Angst. Gib uns deinen Frieden und lass uns auf deinen Sieg über den Tod vertrauen.

Wir bitten dich für diese, unsere Welt, für Menschen, Tiere und Pflanzen, regiere du mit deiner Liebe. Tröste uns und ermutige uns. Mache uns fähig, mit offenem Herzen da zu helfen, wo es notwendig ist. Hilf du, wo wir es nicht können. Wir bitten in der Stille für das, was uns am Herzen liegt:

[Stille]

Für alles, was notwendig ist in der Welt und für uns bitten wir gemeinsam mit den Worten, die du, Jesus Christus, uns selbst gelehrt hast:

Vater unser

Jochen M. Heinecke

5. Sonntag nach Trinitatis

Lukas 5,1–11

Die Zwischenüberschriften gliedern den Text, werden aber nicht vorgelesen.

[1. Fishermen's friends]

Liebe Gemeinde!

Der Zimmermannssohn Jesus von Nazareth brachte die Menschen seiner Zeit in Bewegung: zum einen durch mitreißende Worte. Die hätte man dem Sohn eines einfachen Handwerkers gar nicht zugetraut. Aber vielleicht waren es weniger seine Worte, die die Menschen beeindruckt haben, als vielmehr die Art und Weise, wie er auf Menschen zugehen konnte. Mit einem Blick hatte er erfasst, was sein Gegenüber bewegte, und zwar im tiefsten Inneren. Und er verstand es wie kein anderer, Menschen zusammenzubringen und zu verbinden, sofern sie sich auf seinen Weg einließen – den Weg der Nachfolge. Ein Weg voller Herausforderungen, aber auch voller Verheißungen.

Kein Wunder, dass die Menschen ihn nahezu bestürmten, Menschen auf der Suche nach Heilung und Orientierung für ihr Leben. Es brauchte nur eine kurze Zeit, und der Zimmermannssohn aus Nazareth war ein Star, dem die Menschen an den Lippen hingen. Allerdings nicht in Nazareth, seiner Heimatstadt, wo ihn jeder kannte. Hier beginnt sein Weg, als Jesus in der Synagoge auf einen Bibelvers stößt, der ihn zutiefst anrührt und in dem er seinen ganz persönlichen Auftrag erblickt, den Menschen Gottes Gnade zu verkünden (Lk 4,16 ff.). Dabei muss er aber auch gleich die Erfahrung machen, dass das Heimatdorf dafür nicht der ideale Ort ist. Und so kommt er nach Kapernaum.

Zwischen Nazareth im Landesinneren von Galiläa und Kapernaum am See Genezareth liegen etwa 50 Kilometer, es sind also nicht gerade Nachbarorte. Aber Jesus von Nazareth findet hier sofort Anschluss: Er trifft auf den Fischer Simon und seine Familie und heilt dessen Schwiegermutter. Und so entsteht eine Freundschaft zwischen dem Fischer und dem Zimmermannssohn. Die Fischerei fasziniert Jesus.

Er fährt mit den Fischern hinaus auf den See. Lässt sich zum anderen Ufer bringen, um auch dort zu den Menschen zu sprechen. Und er predigt sogar vom Boot aus. Und so werden ihm Freud und Leid der Fischerszunft zu eigen.

[2. Vom Nagel zum Netz]

Manchmal sind die Netze voll und der Lebensunterhalt ist gesichert. Aber manchmal ist die Fischerei auch ein hartes Brot: Gefährliche Fallwinde kommen am See Genezareth ganz plötzlich auf und lassen selbst erfahrene Seeleute erzittern. Und oft genug ist die Arbeit auch vergeblich. Die Netze bleiben leer.

Jesus fühlt mit seinen Freunden. Ihre Enttäuschung geht ihm nahe. Er versucht ihnen beizustehen, auch im Sturm. Und er ermutigt seine Freunde weiterzumachen, selbst wenn die Netze leer bleiben. Der Zimmermann lässt also die Nägel Nägel sein und wendet sich den Netzen zu, dem Handwerkszeug der Fischer. Sie müssen sorgfältig gepflegt werden, damit sie ihren Dienst tun können. Die Netze werden von Hand gefertigt und von Hand ausgebessert: Erst das Netz knüpfen, dann auswerfen. Warten. Die hoffentlich gefüllten Netze an Bord ziehen. Den Fang sortieren. Den frischen Fisch gleich am Strand verkaufen. Den Rest einlegen. Die Netze waschen, auf schadhafte Stellen untersuchen und flicken. Und dann in der nächsten Nacht aufs Neue hinausfahren. Der Alltag eines Fischers.

Der Zimmermannssohn, der sich nun an die Fischer hält, lernt diese Abläufe genau kennen. Der Tischler arbeitet allein. Die Fischer arbeiten zusammen. Sie knüpfen nicht nur Netze, um Fische zu fangen. Ihr ganzer Berufsalltag lebt von Verknüpfungen: Von der Herstellung der Netze bis zum Verkauf der Fische. Fischer brauchen Netzwerke. Und so macht Jesus die Fischer Simon, Jakobus und Johannes zu seinen Vertrauten. Sie haben ihm bereits ihr Boot zur Verfügung gestellt. Jetzt sollen sie auch ihre Netze für ihn auswerfen. Aber dann geschieht etwas, wir haben es eben in der Evangelienlesung gehört.

[3. Menschenfischer]

Geh weg von mir, ich bin ein sündiger Mensch! Das ist die Reaktion des Fischers Simon auf das, was er an diesem Morgen erlebt hat. In der Nacht waren die Netze wieder einmal leer geblieben. Aber dann sind sie doch wider alle Vernunft noch einmal auf den See hinausgefahren. Und haben so viel gefangen, dass die Netze zu reißen beginnen und die Boote unter der Last des Fangs ächzen.

Aber warum diese heftige Reaktion? Geh weg von mir, ich bin ein sündiger Mensch! Simon erkennt, dass durch die Freundschaft mit Jesus etwas mit ihm geschieht. Sein enger Horizont wird durchbrochen, sein Blick wird geweitet. Gewohnte Lebensabläufe werden von Grund auf infrage gestellt. Er erkennt, dass es nicht mehr weitergehen kann wie bisher. Er stellt fest, dass er nicht offen genug war, sich überraschen zu lassen und zu vertrauen, obwohl er es doch eigentlich besser wissen müsste. Schließlich hat er schon erlebt, wie Jesus seine Schwiegermutter geheilt hat.

Ich bin ein sündiger Mensch. Was für ein Bekenntnis! Gemeint ist: Es liegt ein Meer zwischen mir und dem, was Vertrauen ist. Was Glauben ist. Trotzdem ist er noch einmal hinausgefahren, wenn auch nicht aus Glauben oder Vertrauen. Vielleicht um dem Zimmermannssohn zu zeigen, dass er nichts von der Fischerei versteht und vielleicht doch lieber an seine Werkbank zurückkehren sollte. Aber jetzt ist es klar: Da ist mehr im Spiel als nur handwerklicher Sachverstand. Da ist etwas aufgebrochen. Die alten Netze sind gerissen. Und Simon erkennt, dass er Teil eines viel größeren Netzwerkes ist, in dem es um viel mehr als Fische geht: *Simon, von nun an sollst du Menschen fangen!* Menschen fangen. Lebendig fangen, fangen und leben lassen. Nicht einfangen, sondern auffangen. Die Netze nicht mehr nur am See Genezareth auswerfen, sondern im stürmischen Meer der Welt.

[4. World Wide Web]

Das Netz ist nicht nur Handwerkszeug eines Fischers, sondern ein Symbol, ein Bild: Ein Netz trägt und gibt Halt. Es verbindet mich mit anderen Menschen. Und es spannt sich unter mir, wenn das Leben mal zum Drahtseilakt wird. Darin kann ich Halt finden, wenn es sonst keinen Halt mehr gibt. In unserer modernen Zeit ist das Netz wieder zum Grundhandwerkszeug geworden, wenn auch auf ganz neue Art: Ich bin im Netz, pflege dort meine Kontakte per E-Mail, Facebook oder WhatsApp. Ich finde Antwort auf die Fragen meines Lebens: vom Reibekuchenrezept bis hin zur Frage, ob der Saturn ein Gasplanet ist und woraus seine Ringe bestehen. Antwort auf alle Fragen rund um den Globus, über Himmel und Erde.

Das Netz bietet Möglichkeiten zum Austausch mit Gleichgesinnten und Andersdenkenden in Foren und Blogs. Sogar Seelsorge per Internet ist möglich. Es gibt virtuelle Gebetsräume und sogar Friedhöfe im Internet. Räumliche Entfernungen zwischen Menschen spielen keine Rolle mehr. Jeder ist jederzeit nur einen Mausklick weit entfernt.

Und für die, die noch nicht „im Netz" sind: Wir leben in Netzwerken von Familie und Freunden. Im sozialen Netzwerk unserer Gesellschaft, die versucht, jedem Halt zu geben oder zumindest anzubieten. Wir sind soziale Wesen, keine Einsiedler. Und in der heutigen Zeit, wo der Familienzusammenhalt an Bedeutung verloren hat, bekommen andere Vernetzungen ihre Bedeutung: Nachbarschaftsprojekte, Mehrgenerationenhäuser oder ehrenamtliche Netzwerke mit Personen, die älteren und hilfsbedürftigen Menschen und deren Angehörigen auf verschiedenste Art das Leben erträglicher machen und es verschönern[1]. Natürlich kann man sich in Netzen auch verstricken oder das Internet kann auch zu einer Plattform für zerstörerische Gedanken werden, denn jeder Nutzer kann das einbringen, was er möchte. Aber in der Öffentlichkeit des Netzes bleibt auch nur wenig unbemerkt. Und genauso können sich gute Gedanken dort ausbreiten und sich vernetzen. Das Netz ist das Gesellschaftsmodell der Zukunft – alles steht in Beziehung zueinander, ist miteinander verknüpft und aufeinander bezogen[2].

Aber zurück zu den Anfängen des Netzes und zu den Fischern. Auch die begannen, ein Netz zu knüpfen, das Menschen auf eine neue Art verband: ein Netz der Nachfolge. Es verbindet Menschen miteinander und mit Gott. Und zwar in Augenhöhe, auf einer Ebene. Denn in diesem Netz werden die Gedanken und Worte Jesu geteilt: dass Gott unser Vater ist und uns, seine Kinder, bedingungslos liebt. Und dass wir als geliebte Menschen auch andere lieben können – auch die Menschen, die ganz anders sind als wir. Das Netz der Nachfolge Jesu ist ein Netz der Liebe zu Gott und der Wertschätzung des Nächsten, ungeachtet aller Unterschiede.

---

1   Z. B. das „Netzwerk kleiner Hilfen" der Diakoniestationen in Bünde, http://www.buerger-fuer-buerger.info.

2   „Die Wirklichkeit wird nun als eine Art Netz erfahren, in dem alles auf alles bezogen ist und sich alle Erscheinungen gegenseitig durchdringen" (Marion Küstenmacher u. a., Gott 9.0. Wohin unsere Gesellschaft spirituell wachsen wird, 5. Aufl. München 2013, S. 212).

[5. Kirche als Netz]

In diesem Netz wird der Fischer Simon zu Petrus, dem „Fels" und damit zum Grundstein der Kirche „für alle"[3], also eine Kirche, die sich über die ganze Welt ausbreitet. Er soll Menschen gewinnen und dazu beitragen, dass sie sich im Netz der Nachfolge vernetzen lassen. Er ist es, der das Netz auswirft und wieder einholt, um Menschen zu erreichen und zu verbinden.

Das Netz ist damit das erste Symbol der Kirche Jesu Christi. Die Christenheit als Netz zu sehen, hat Folgen. Ein Netz ist dynamisch: Es ist in Bewegung. Und es ist unsichtbar, das heißt, es macht sich nicht an Strukturen, Hierarchien und Bauwerken fest. Es ist nicht festgehämmert, sondern flexibel. Das Netz baut sich in der Verbindung von Menschen durch den Heiligen Geist auf, von Menschen, die die Gedanken Jesu teilen und weitergeben[4]. Und so kann dieses Netz zu einem Netz werden, das die Welt umspannt. Ein Netz, das Antworten auf Lebensfragen zwischen Himmel und Erde gibt. Ein Netz, das auch in den Stürmen des Lebens trägt und hält. Ein Netz, in dem ich Gedanken der Liebe und des Friedens teilen und weitergeben kann, so dass auch andere dort Halt finden können. Ein solches Netz

---

3   So die wörtliche Übersetzung des Wortes „katholisch".

4   Das Netz als Symbol für die Kirche hat bereits der Symbolforscher Alfons Rosenberg (1902–1985) „entdeckt" und daraus eine Zukunftsvision der Kirche in ökumenischer Offenheit und Verbundenheit entwickelt: „Bisher hat sich die Kirche unter den evangelischen Bildern vom Felsen und vom Baum verstanden: als den harten, unzerstörbaren, allerdings auch unlebendigen und unwandelbaren Felsen einerseits, andererseits als den aus einem Senfkorn bis in den Himmel wachsenden Baum des Lebens. Die Gegensätze von Unwandelbarkeit und Wachstum waren bisher die Grundprinzipien der Kirche. Ein drittes evangelisches Symbol trat jedoch noch nicht ins Blickfeld: das bewegliche Netz, das weder unwandelbar ist noch einem Wachstumsgesetz untersteht." Die Christenheit und der christliche Glaube der Zukunft werden einem solchen Netze gleichen, das – mehr unsichtbar als sichtbar – ins stürmische Meer der Welt versenkt wird, ein Fischernetz von besonderer Art. Die Kirche der Zukunft werde daher nicht länger ein in sich gefügtes, ein statisch-starres Gebilde bleiben können, als das sie sich je nach Konfession und Frömmigkeitsstil darstellt. Sie werde sich einem grundlegenden Wandlungsprozess unterziehen müssen. „Ein Netz ist wesentlich labiler … Fels und Baum haben Gestalt und Schönheit. Dem Netz ermangeln diese. Die Kirche als Fels und Baum repräsentiert durch ihre Erscheinung. Sie kann sich selbst verherrlichen und hat dies in sowohl großartiger wie hybrider Weise im Laufe ihrer Geschichte immer wieder getan. Das Netz aber ist seiner Funktion nach dann am gemäßesten, wenn es unsichtbar wird. Dennoch wird die künftige Kirche auch keine abstrakte ecclesia spiritualis, keine lebensferne ‚Geistkirche' sein, denn der Geist manifestiert sich in konkreten Gestalten. Er manifestiert sich nicht als bloße dogmatische Form, sondern als eine lebenerzeugende Dynamis." (zit. nach Gerhard Wehr, Alfons Rosenberg – religiöser Außenseiter und charismatischer Ökumeniker, http://perlen.novalisverlag.de/?p=148).

bringt Menschen in Bewegung. Es lässt sie aufeinander zugehen und Verknüpfungen finden. Anknüpfungspunkte für das eigene Leben und Orientierungspunkte im stürmischen Meer der Welt. Amen.

Vorschläge für das Predigtlied

EG 313   Jesus, der zu den Fischern lief

EG 494   In Gottes Namen fang ich an

Fürbittengebet

Herr Jesus Christus, du rufst uns in deine Nachfolge und lädst uns ein, deinen Gedanken und Prinzipien zu folgen und Gott und unseren Nächsten nicht aus dem Blick zu verlieren. So beten wir für alle Menschen, die Halt und Orientierung für ihr Leben suchen:

Wir bitten um Kirchen und Gemeinden, die ihre Türen öffnen und Menschen einladen, so dass sie ihren Platz finden können und Antworten bekommen auf die Fragen, die sie bewegen. Stärke die Menschen, die in unseren Gemeinden haupt- oder ehrenamtlich tätig sind: Schenke ihnen Begeisterungsfähigkeit und Durchhaltevermögen auf Durststrecken und immer wieder neue Ideen, Menschen zu erreichen.

Wir bitten dich für die Menschen, denen die Kirche der einzige Halt ist, den sie noch haben: Für Menschen, die alt sind oder einsam. Für Menschen die krank sind und die auf den Tod zugehen. Stehe den Menschen bei, die den Halt in ihrem Leben verloren haben, und nicht mehr wissen, woran sie glauben oder ob sie überhaupt noch glauben. Wecke in ihnen das Vertrauen in deine Kraft, so dass sie bereit sind, sich auf neue Wege für ihr Leben einzulassen.

Barmherziger Gott, verbinde uns immer wieder neu mit dir und untereinander. Durch Jesus Christus, deinen Sohn, der uns die Augen geöffnet hat für deine Liebe, die grenzenlos ist, jetzt und in Ewigkeit. Amen.

Simone Rasch

6. Sonntag nach Trinitatis

Matthäus 28,16–20

Berühmte letzte Worte

Liebe Gemeinde!

„Lassen Sie es nicht so enden. Sagen Sie, dass ich etwas gesagt hätte." Das sollen angeblich die letzten Worte eines mexikanischen Freiheitskämpfers[1] sein. Er wurde bei einem Attentat auf offener Straße von mehreren Kugeln tödlich getroffen. Einem zufällig daneben stehenden Passanten soll er diese Sätze noch diktiert haben. Und unfreiwillig sind sie dann doch überliefert und zu seinen letzten Worten geworden. Ob diese Geschichte nun wahr ist oder bloß gut erfunden, ist gar nicht wichtig. Denn berühmte letzte Worte sind so etwas wie eine eigene Gattung geworden. Es gibt sehr viele, bekannte und unbekannte, erfundene und echte.

„Lassen Sie es nicht so enden. Sagen Sie, dass ich etwas gesagt hätte." Es ist, als hätte Matthäus sich genauso angesprochen gefühlt wie dieser Passant, als er seine Jesusgeschichte aufgeschrieben hat. Was sollte die Schlussszene, das Schlussbild sein, mit dem sein Evangelium zu Ende geht? Und welche Worte legt er Jesus in den Mund? Denn es werden einmal berühmte letzte Worte sein. Das ahnt Matthäus schon, als er zum Schreibgerät greift. Er überlegt – und dann macht er es wie ein guter Regisseur. Er greift Augenblicke und Szenen wieder auf, die wir schon aus seiner Jesusgeschichte kennen.

Zunächst legt er den Ort der Handlung fest. Matthäus schickt Jesus und die Jünger nach Galiläa, weg aus Jerusalem, wo Jesus leiden und sterben musste. Er schickt sie damit zurück nach Hause, dorthin, wo sie herkommen. Hier in Galiläa hat Jesus

---

1 Bei dem mexikanischen Freiheitskämpfer handelt es sich um Pancho Villa (1878–1923), Informationen zu seinen (und auch weiteren) letzten Worten sind zugänglich unter www.sueddeutsche.de/kultur/beruehmte-letzte-worte-schiess-ruhig-du-feigling-1.1041302 (abgerufen am 20.11.2014).

zuerst gewirkt, die Jünger gesammelt und seine Botschaft verkündigt. Hier hat er Menschen geheilt, sie bewegt und begeistert. Hier ist seine Botschaft aufgenommen und gehört worden.

Galiläa ist aber auch die Gegend, in der Jesus immer wieder Zuflucht sucht. Das hatte Matthäus ja schon zu Beginn seiner Jesusgeschichte erzählt: Jesus flieht als Baby mit seinen Eltern vor dem Kindermord in Bethlehem nach Galiläa. Bethlehem, das ganz Land Juda im Süden Israels, die Stadt Jerusalem – das sind die Orte, an denen Jesus immer wieder infrage gestellt und bedroht worden ist. Deswegen kommt die Jesusgeschichte jetzt dort zu einem Ende, wo sie begonnen hat: In Galiläa. Ein Kreis schließt sich. Wo es begonnen hat, da wird es auch enden.

Auch der Berg, den Matthäus beschreibt, ist mehr als eine Erhöhung in der bergigen Landschaft Galiläas. Immer wieder hatte Matthäus in seiner Erzählung Jesus auf Berge gestellt. Da war der Berg, auf dem der Widersacher Gottes, der Teufel, Jesus in Versuchung führen wollte. Alle Macht auf Erden hat er ihm versprochen und Jesus doch nicht auf seine Seite ziehen können. Da war der Berg, von dem aus Jesus seine Auslegung der Gebote verkündigt hat: die Bergpredigt, die Auslegung aller der Gebote durch Jesus, unglaublich einfach zu verstehen und unendlich schwer zu befolgen. Und da war auch der Berg, an dem die Jünger glaubten, dem Himmel schon ganz nahe zu sein, der Berg, auf dem sie bleiben wollten, alleine mit Jesus, der sich endlich einmal von seiner göttlichen Seite zeigte. Und jetzt sind sie wieder an einem Berg. Alles kommt auf diesem Berg zusammen: die Frage nach der Macht und die Frage nach den Geboten und die große Versuchung für die Jünger, das wieder einmal alles ganz falsch zu verstehen.

„Lassen Sie es nicht so enden. Sagen Sie, dass ich etwas gesagt hätte." Die letzten Worte Jesu bei Matthäus sind erfunden. Das wissen wir, aber wir wissen auch: Matthäus hat sich große Mühe gegeben, noch einmal alles in diese Worte zu legen, was er von Jesus gehört hatte und was ihm an der Botschaft Jesu wichtig geworden ist. Schon mit den Orten, die er nennt, spricht er auch Themen an, um die es Jesus in seinem Leben und in seiner Verkündigung gegangen ist. Seine Erfindung ist wahrheitsgetreu. Deswegen können seine Worte wie echte letzte Worte behandelt werden.

Trotzdem oder gerade deshalb teilen die letzten Worte Jesu bei Matthäus das Schicksal vieler letzter Worte, ob bekannt und unbekannt, echt oder erfunden. Sie müssen gedeutet und interpretiert werden. Denn der, der sie gesagt hat, ist ja nicht mehr da und nicht mehr auskunftsfähig. Es sind keine Rückfragen mehr möglich: Wie hast du das genau gemeint?

Auch dafür sind die letzten Worte Jesus bei Matthäus ein gutes Beispiel. Wir kennen sie ja als den sogenannten „Taufbefehl", der bei jeder Taufe vorgelesen wird. Wie die Einsetzungsworte beim Abendmahl sagen diese Worte, dass das, was wir tun, dem Willen Jesu entspricht. Matthäus hat sich die Taufe Jesu vorgestellt, als er diese Worte formuliert hat. Er greift dabei wieder auf seine eigene Geschichte von Jesus zurück:

Bei Jesu Taufe war da eine Stimme vom Himmel, die gesagt hat: „Dies ist mein lieber Sohn, an dem ich Wohlgefallen habe." Der Geist Gottes kam wie eine Taube auf Jesus herab. Wenn wir Kinder und Erwachsene auf den Namen des Vaters und des Sohnes und des Heiligen Geistes taufen, wird diese Geschichte unter uns bei jeder Taufe wieder lebendig. Sie wird anschaulich und nachvollziehbar.

Aber es scheint das Schicksal vieler letzter Worte zu sein, dass sie auch gründlich falsch verstanden werden können. Jesu letzte Worte bei Matthäus sind auch als „Missionsbefehl" bekannt und wirksam geworden: „Darum gehet hin und machet zu Jüngern alle Völker." Wir kennen auch die Geschichte dieser Worte, die Folgen von falsch verstandenem missionarischen Eifer und Machtausübung und Gewalt im Namen Gottes. Fast immer haben sich christliche Mission und wirtschaftliche und politische Interessen vermischt. Weil Menschen sich auf diese Worte berufen haben und das Christentum in der Welt verbreiten wollten, ist großes Unrecht geschehen und vielen Menschen Leid angetan worden.

„Lassen Sie es nicht so enden. Sagen Sie, dass ich etwas gesagt hätte." Die letzten Worte Jesu nach Matthäus zu interpretieren, heißt, sie ganz zu hören. Es heißt dort ja „*Mir* ist gegen alle Gewalt im Himmel und auf Erden". Es heißt nicht „*Euch* ist gegeben alle Gewalt im Himmel und auf Erden". Damit meint Matthäus: Alles, was wir tun, muss im Geiste Jesu geschehen. Das bedeutet Gewaltlosigkeit und Nächstenliebe. Mission, das kann nur so wie damals in Galiläa sein, als die Jünger ganz aus freien Stücken mit Jesus gingen, nachdem sie seine Botschaft von der Liebe Gottes zu allen Menschen hörten. Niemand hat sie zu etwas gezwungen. Sie konnten sich frei entscheiden. Wenn wir Menschen begegnen, die diese Botschaft noch nie gehört haben, können wir sie ihnen erzählen. Und für alles, was dann geschieht, gilt die große Bitte, die auch aus der Jesusgeschichte des Matthäus stammt: „Dein Wille geschehe, wie im Himmel, so auf Erden." Eine Bitte, kein Befehl. Und keine Gewalt, sondern viel Liebe.

„Ich bin bei euch alle Tage bis an der Welt Ende." In der Jesusgeschichte des Matthäus sind dies die letzten Worte Jesu. Und es sind die letzten Worte dieser Geschichte. Jesus verschwindet bei Matthäus nicht in einer Wolke. Es kommt auch kein Heiliger Geist zu denen, die zurückbleiben. Ostern, Himmelfahrt und Pfingsten, das findet alles an einem einzigen Tag statt. Jesus geht nicht weg. Er bleibt mit diesen Worten mitten unter ihnen.

Mit diesen Worten im Ort sind sie weggegangen von dem Berg, weggegangen aus Galiläa, hinausgegangen in alle Welt. Jesus bleibt bei ihnen. Als ginge er ihre Wege mit, mit seiner Kraft, seinem Geist und seiner Liebe. Als wäre er immer dabei, wenn sie die Botschaft von der Liebe Gottes weitererzählen und wenn Menschen auf seinen Namen getauft werden. Egal, an welchem Ort der Welt, egal, zu welcher Zeit. Jesus ist bei ihnen und er ist bei uns. Denn wir sind diese Menschen. Wir lassen es nicht enden. Weil er es uns gesagt hat. Amen.

Vorschläge für das Predigtlied

EG 123   Jesus Christus herrscht als König

EG 182   Suchet zuerst Gottes Reich in dieser Welt

Fürbittengebet

Guter Gott,

die Taufe ist dein Zeichen über uns. Dein Geist ist auch zu uns gekommen, wir sind deine Söhne und Töchter geworden. Gib, dass wir ein Leben leben, an dem du Wohlgefallen hast, ein Leben, das andere Menschen fragen lässt: Warum seid ihr so? So zufrieden und so getröstet, so gerecht und so barmherzig, so sanftmütig und so friedfertig? Gott, daran soll man uns erkennen, als deine Kinder.

Jesus Christus,
wir taufen Menschen auf deinen Namen, wir nennen uns Christen nach dir. Wir bitten dich: Lass alle Getauften spüren, dass du bei ihnen bist alle Tage, dass nichts sie von deiner Liebe trennen kann. Wir bitten dich auch für die, die dich nicht kennen können oder nicht kennen wollen, dass wir ihnen von dir so erzählen, dass sie neugierig werden auf dich. Lass uns selbst ein gutes Beispiel dafür sein, dass du das Leben in Fülle schenkst und Hoffnung über allen Tod hinaus.

Gott, Heiliger Geist,
deine Kraft breite sich aus unter uns. Verbinde du wieder, was unsere Kleingläubigkeit und unsere Rechthaberei voneinander getrennt hat. Bringe die Christen aller Kirchen und Konfessionen zusammen, in der Einheit und Geschwisterlichkeit, die dein Wille ist. Lass nicht zu, dass es immer nach unserem Willen geht, sondern lass uns dir nachfolgen, in der Freiheit und der Liebe, die von dir kommen.
Amen.

Kathrin Oxen

7. Sonntag nach Trinitatis

Johannes 6,1–15

I

Liebe Gemeinde!

Es ist zwar gegen alle Rechenkünste, aber unsere Erfahrung ist: Wer teilt, hat nicht weniger, sondern mehr als vorher. Und das, was wir mehr haben, kann etwas ganz anderes sein als dasjenige, was wir teilen. Wenn Sie später in diesem Gottesdienst Geld in die Kollekte geben, dann haben sie rechnerisch weniger Geld als vorher. Aber das macht Ihnen nichts aus, denn Sie geben mit dem Bewusstsein, mit Ihrem Geld anderen Menschen zu helfen. Dass Sie anderen Menschen helfen können, ist Ihnen wertvoller als das Geld, das Sie weggeben. Sie betrachten das weggegebene Geld auch deshalb nicht als Verlust, weil mit diesem Geld etwas Sinnvolles getan wird. Wer teilt, hat nicht weniger, sondern mehr als vorher. Und dasjenige, was wir mehr haben, kann etwas ganz anderes sein als dasjenige, was wir teilen.

So kann man auch die Erzählung aus dem Johannesevangelium verstehen, die wir eben in der Evangelienlesung gehört haben.

Von fünf Broten und zwei Fischen werden alle satt. Rechnerisch ist das nicht möglich bei 5000 Menschen, und dass noch zwölf Körbe mit Brot übrigbleiben, ist schon gar nicht möglich. Aber unsere Erfahrung ist: Wer teilt, hat nicht weniger, sondern mehr als vorher. Und das, was wir mehr haben, kann etwas ganz anderes sein als dasjenige, was wir teilen. Darauf weisen die Zahlen dieser Erzählung hin, die nicht zum Rechnen gedacht sind, sondern solche Erfahrungen symbolisieren. Aus Wenigem wird so viel, dass es uns in Erstaunen versetzt. Denn als Jesus das Brot nimmt und das Dankgebet darüber spricht, ist es mit dem Rechnen zu Ende. Er teilt die fünf Brote aus und gibt ihnen – wie es im Johannesevangelium heißt – so viel sie wollten. So werden von fünf Broten 5000 Menschen satt. Mit dem Wenigen muss man nicht sparsam sein, sondern Jesus geht mit dem Wenigen verschwenderisch um. So verschwenderisch, dass am Schluss noch zwölf Körbe mit Brot übrigbleiben. Waren fünf Brote noch zu wenig, so sind nun zwölf Körbe der reine Überfluss. Symbolisch gesehen: Die zwölf Körbe stehen für die zwölf Stämme Israels und für die zwölf Jünger Jesu. Und die zwölf Jünger bzw. die zwölf Körbe haben reichlich auszuteilen. Wenn Sie so wollen, werden auch wir heute noch davon satt.

II

Dieses reichliche Austeilen steht im Zusammenhang mit dem Dankgebet Jesu. Er hat es über diese fünf Brote gesprochen, er hat es auch über das Brot gesprochen, das er den Jüngern am Tag vor seiner Kreuzigung gegeben hat als Abendmahl. Vielleicht kann man es auch als ein Dankmahl bezeichnen, denn mit dem wenigen Brot teilt sich Jesus selbst den Jüngern aus. Und wenn wir das Abendmahl feiern, teilt er sich mit wenigem Brot selbst als Gabe aus. Aus dem wenigen Brot wird ein Leib, der fast unzählig viele Menschen als Christen miteinander verbindet – wir sind verbunden mit Christen der Gegenwart, aber auch mit Christen der Vergangenheit. Wir sind zu dem einen Leib Christi verbunden, wie Paulus sagt. Die Apostel sollen jene Körbe sein, die viel Brot des Lebens enthalten. Wer das wenige Brot isst, ist von Gott selbst gestärkt im Glauben.

Diese wundersame Vermehrung und Verwandlung des Brotes haben schon damals nicht alle Menschen erkannt, wie vielleicht auch heute jene Menschen es nicht verstehen werden, die allzu gerne jedes und alles aufrechnen. Es sind Menschen, die sofort ein Wunder für ihre Zwecke zu instrumentalisieren wissen: Wenn dieser Jesus solche Zeichen tut, dann muss das ein Prophet sein – wer hat denn sonst solche Kräfte!? Lasst ihn uns zu unserem König machen – dann haben alle Armut und aller Hunger ein Ende! Aber Jesus macht das nicht mit – er entzieht sich ihnen und geht auf einen Berg hinauf, weit weg von den vielen Menschen.

Die Vermehrung des Brotes haben die Menschen nicht übersehen, aber vielleicht haben sie das Dankgebet nicht mitgebetet. Und dadurch haben sie übersehen, dass es hier um ein Fest geht, dass hier eine Feier stattfindet. Wenn man feiert, stellen sich oftmals wundersame Vermehrungen ein.

III

Nun kann man einwenden, dass man nicht einfach so den Hunger von Menschen bei-
seiteschieben kann, zumal ja auch heute noch jeden Tag tausende Menschen weltweit
an Hunger sterben. Aber ich bin mir gewiss, selbst wenn in unserem Land an jedem
Tag aus jedem einzelnen Brot tausend Brote würden und wir Brote in einer unüber-
schaubaren Menge hätten, würden nicht viel mehr Menschen satt werden als bislang.
Denn Nahrungsmittel gibt es auf der Erde genug, um alle Menschen ernähren zu können. Was fehlt, sind eine gerechte Verteilung der Nahrungsmittel und insbesondere
faire Preise. Wohl auch ein Bewusstsein dafür, dass man Lebensmittel, die noch ess-
bar sind, nicht vernichtet, wie es bei uns täglich geschieht. Nicht nur, um Preise sta-
bil zu halten, sondern auch, um im Supermarkt immer volle Regale zu haben, obwohl
der Besitzer weiß, dass er etwa ein Viertel der Lebensmittel vernichten wird, wenn das
Haltbarkeitsdatum signalisiert, dass sie nicht mehr zu genießen seien. Und wenn
Jesus heute aus jedem Brot gleich tausend machte – sie würden wohl alle im Müll landen. Zum Verkaufen ist schon jetzt mehr Brot vorhanden als gekauft wird. Wir brauchen also nicht noch mehr Brot – wir brauchen Gerechtigkeit und Verantwortungs-
bewusstsein.

Aber ganz so einfach ist Jesus die Leute nicht losgeworden durch seinen Rückzug
auf den Berg. Am nächsten Tag suchen sie ihn und finden ihn im Kapernaum. Sie
stellen ihn zur Rede. Er sagt, dass dieses Brot ein Brot des Himmels ist und der Welt
Leben gibt. Das wollen die Menschen nun haben und bitten Jesus darum. Jesus ant-
wortet: Ich bin das Brot des Lebens.

IV

Eigentlich sind es alle geistigen und geistlichen Güter, die sich vermehren, wenn man
sie teilt. Materielle Güter dagegen vermindern sich, wenn man sie teilt. Solch ein geis-
tiges Gut ist z. B. Bildung. Wenn ein Wissender sein Wissen nicht für sich behält, sondern mit anderen teilt, vermehrt sich das Wissen. Wenn wir Christen andere Menschen
an unserem Glauben teilhaben lassen, entdecken auch andere Menschen den Glauben für ihr Leben. Es ist dieses Teilen, dieses Teilhaben-Lassen, das Vermehrung bewirkt. Christen, die meinen, ihren Glauben vor anderen schützen zu müssen, werden
ihren Glauben vermindern, werden den Glauben schwächen. Denn Glauben kann

man nicht wie Geld oder Gut besitzen. Mir scheint, dass das aber doch einige so sehen – dann wird aus dem lebendigen Brot des Lebens im Laufe der Zeit recht trockenes Brot. Und wer will schon trockenes Brot essen?

V

Die Pointe bei Jesu Brotwunder ist, dass hier geistig-geistliche Güter und materielle Güter, also die fünf Brote und die zwei Fische, zusammen gesehen werden, obwohl wir zwischen beiden Ebenen differenziert haben. Aber beide Ebenen weisen auf Jesus Christus selbst hin bzw. er verweist mit beiden Ebenen auf sich selbst. Denn er sagt: Ich bin das Brot des Lebens. Ich bin das Brot, von dem niemals zu wenig da sein wird. Eine billige Spiritualisierung hat Jesus nicht gemeint, denn er hatte ja sehr konkret das leibliche Wohl der Menschen im Blick. Und so soll es auch bei uns sein: Lebensmittel gibt es auf der Welt genug, es fehlt aber an gerechter Verteilung und fairen Preisen. Jesus hat jedenfalls keinen hungrig wieder nach Hause geschickt. Und wer sein Wissen, seinen Glauben, seine Liebe mit anderen teilt, wird nicht weniger Leben, sondern seine wunderliche Vermehrung erfahren. Amen.

Vorschläge für das Predigtlied

EG 420,1–5   Brich mit den Hungrigen dein Brot

EG 224,1–3   Du hast zu deinem Abendmahl als Gäste uns geladen

Fürbittengebet[1]

[Liturg(in):] Niemand, Gott, kann für sich allein leben. Jeder braucht die Zuneigung eines Mitmenschen und die Gemeinschaft mit anderen. Wir danken dir für freundliche Blicke, mit denen Menschen einander finden, für ehrliche Worte, aus denen Verlässlichkeit spricht, für liebevolle Gesten, die Vertrauen wachsen lassen. Wir wissen, wenn Menschen sich Verständnis entgegenbringen, wenn einer dem anderen Unterstützung gewährt, wenn das Miteinander gelingt, dann ist das auch dein Werk, Gott.

---

1   Nach Eckhard Herrmann: Neue Gebete für den Gottesdienst II, München 2004, 134 f.

Wir bitten dich, Gott, für alle, die nur an sich selbst denken. Lass sie Menschen finden, die ihnen wichtig sind. Wir rufen zu dir:

[Liturg(in) und Gemeinde:] Herr, erhöre uns.

[Liturg(in):] Wir bitten dich für alle, die anderen misstrauen. Lass sie Freunde finden, auf die sie sich verlassen können. Wir rufen zu dir:

[Liturg(in) und Gemeinde:] Herr, erhöre uns.

[Liturg(in):] Wir bitten dich für Ehepaare, die sich nichts mehr zu sagen haben. Lass sie Worte finden, die verbinden. Wir rufen zu dir:

[Liturg(in) und Gemeinde:] Herr, erhöre uns.

[Liturg(in):] Wir bitten dich für Eltern und Kinder, die sich nicht mehr verstehen. Lass sie Möglichkeiten finden, einander wieder nahezukommen. Wir rufen zu dir:

[Liturg(in) und Gemeinde:] Herr, erhöre uns.

[Liturg(in):] Wir bitten dich für Lehrer und Schüler, die nicht miteinander zurechtkommen. Lass sie Stunden finden, in denen sie sich füreinander öffnen. Wir rufen zu dir:

[Liturg(in) und Gemeinde:] Herr, erhöre uns.

[Liturg(in):] Wir bitten dich für alle, die der Vereinsamung entfliehen wollen. Lass sie Wege finden, die sie mit anderen zusammenführen. Wir rufen zu dir:

[Liturg(in) und Gemeinde:] Herr, erhöre uns.

[Liturg(in):] Wir bitten dich, Gott, für uns. Bewahre unsere Gemeinschaft und stärke unser Miteinander alle Tage neu. Wir rufen zu dir:

[Liturg(in) und Gemeinde:] Herr, erhöre uns.

Vater unser

Jörg Neijenhuis

8. Sonntag nach Trinitatis

Matthäus 5,13–16

I

Liebe Gemeinde!

Es ist vergleichsweise einfach, Konfirmanden zu erläutern, was Bitte, Fürbitte, Klage und Dank für Gebetsformen sind. Etwas schwieriger ist es bisweilen zu erklären: „Was ist Gotteslob?" In der Bergpredigt argumentiert Jesus schlüssig: Wenn die Leute sehen, wie ihr als Christen lebt, dann sollen sie eure guten Werke sehen. Anschließend werden sie ins Gotteslob einstimmen! Das Gotteslob erfolgt von selbst, wenn die interessierten Zuschauer darauf sehen, dass sich etwas im Leben der Glaubenden geändert hat. Das Gotteslob ist also kein Einstieg in eine höhere Ebene religiöser Verklärung. Vielmehr hat es damit zu tun, was bei uns im Leben geschieht. Was Jesus dazu sagt, haben wir eben in der Evangelienlesung gehört.

Jesus nutzt Bildworte. Die sind bei Predigern beliebt, bei Hörern eher weniger. Dadurch kommt nämlich eine gewisse Unschärfe in die Argumentation. Kann Jesus nicht einfach sagen, was er will? Ich vermute, er konnte es sehr wohl. Vielleicht fand er die Unschärfe nicht schlimm. Stattdessen bietet ein Bildwort andere Vorteile. Es setzt sich in unserer Vorstellung fest, regt unsere Fantasie an, sehr schnell sind wir selbst Teil der Geschichte, in unserem Beispiel begrübeln wir zum Beispiel: Ich bin das Salz der Erde?! – Wie das?

II

Der Verband der Kali- und Salzindustrie e. V. betreibt eine Website. Darauf wird ein Märchen nacherzählt. Ungewöhnlich, nicht wahr? Ein Industrieverband und eine Märchenstunde. Schnell wird deutlich, warum.

Vor langer Zeit lebte ein König. Er hatte drei Töchter. Da er schon sehr alt war, wollte er seiner klügsten Tochter sein Königreich überlassen. Aber welche war die

Klügste? Er ließ seine Töchter zu sich kommen und sagte: „Diejenige, die mir das kostbarste Geschenk macht, bekommt mein Königreich." Die Töchter überlegten lange. Die älteste Tochter schenkte ihm kostbaren Schmuck und die mittlere Tochter einen teuren Mantel. Nun war der König gespannt, was er wohl von seiner jüngsten Tochter bekäme. Es war eine kleine Schale Salz. Da wurde er zornig über ihre Dummheit und verjagte sie aus seinem Land.

Selbst wenn Sie das Märchen nicht kennen, werden Sie nicht überrascht sein, dass die dritte Tochter sehr bald als klügste Tochter geehrt wird, denn sie hat dem Vater die wertvollste Gabe gemacht. Im Märchen wird dann erzählt, wie diese Tochter den Prinzen des Nachbarlandes heiratet und einen florierenden Salinenbetrieb organisiert. Da das Märchen auf der Internetseite eines Wirtschaftsverbands steht und nicht im staubigen Märchenbuch über der Ofenbank, endet es nicht mit einer Schlussschleife wie „und wenn sie nicht gestorben sind …". Vielmehr schickt der Vater Wirtschaftsspione ins Nachbarkönigreich, lässt sich berichten und wird nach vollzogener Reue als Vertriebspartner in das Verzollen des Salzes einbezogen. Vater und Tochter kochen nun die Salzkundschaft so richtig ab.

Die Zeit der Salzzölle und -monopole ist vorbei. Mahatma Gandhi hat mit seinem Salzmarsch ein letztes großes Ausrufezeichen im Kampf gegen Salzzölle gesetzt. Sein berühmter Salzmarsch hat das letzte große Monopol des Salzhandels zu Fall gebracht. Das alte Britische Empire hat wenig später den indischen Zacken aus seiner Krone verloren. Indien wurde unabhängig.

Salz ist etwas Besonderes und inzwischen auch günstig. Zur Zeit Jesu war Salz kostbar und knapp. Es wurde durch das Verdunsten von Salzwasser gewonnen. Das ergab kein besonders reines Salz, oft genug war es angereichert mit Kalk oder Magnesium. Dennoch – es war kostbar, weil es mühsam zu gewinnen war. Wurde es feucht, wurde das Kochsalz gelöst. Kalk blieb als „salzloses Salz" zurück. Das konnte dann auf den Weg ausgestreut werden. Das Wichtigste fehlte: die Kraft des Salzes.

In der Bergpredigt heißt es: Ihr seid das Salz der Erde. Wenn nun das Salz nicht mehr salzt, womit soll man salzen? Es ist zu nichts mehr nütze, als dass man es wegschüttet und lässt es von den Leuten zertreten.

III

Ein zweites und drittes Bild werden eingeführt. Ihr seid das Licht der Welt; ihr seid eine Stadt, die auf einem Berge liegt. Salz schmeckt und spürt man. Licht sieht man. Es kriecht durch die Ritzen der dunkelsten Räume. Eine Stadt auf dem Berge wird von Weitem gesehen. Ähnlich wie beim Salz hat in unserer Zeit das Licht viel von seinem kostbaren Zauber verloren. In einer dunklen Umwelt jedoch kann ein kleines Licht den Unterschied machen zwischen Leben und Tod. Beim Märchen vom Waldhaus spitzt sich die Not eines einsamen Mädchens im Wald so zu:

Das Mädchen ging immer fort, bis die Sonne sank und die Nacht einbrach. Die Bäume rauschten in der Dunkelheit, die Eulen schnarrten, und es fing an ihm Angst zu werden. Da erblickte es in der Ferne ein Licht, das zwischen den Bäumen blinkte. „Dort sollten wohl Leute wohnen", dachte es, „die mich über Nacht behalten", und ging auf das Licht zu. Nicht lange, so kam es an ein Haus, dessen Fenster erleuchtet waren. Es klopfte an, und eine raue Stimme rief von innen: „Herein."

Nun kann das Abenteuer recht beginnen, in der Dunkelheit des Märchenwaldes wäre das Kind jedoch verloren gewesen. Licht und Dunkel sind ein in der christlichen Glaubensüberlieferung vertrautes Gegensatzpaar: „Ich bin das Licht der Welt, wer mir nachfolgt, wird nicht wandeln in der Finsternis, sondern wird das Licht des Lebens haben." Dieses Wort Jesu gehört fest in unsere Taufgottesdienste zu dem Moment, in dem die Taufkerze überreicht wird. – In der Bergpredigt heißt es noch deutlicher: „Ihr werdet nicht nur das Licht des Lebens *haben*, nein: Ihr werdet das Licht der Welt *sein*!" Und die Stadt auf dem Berge, die *eigentliche* Stadt auf dem Berge – das ist spätestens seit dem Pilgerpsalm 121 die Stadt Jerusalem:

Ich hebe meine Augen auf zu den Bergen. Woher kommt mir Hilfe? Meine Hilfe kommt vom Herrn, dessen Tempel hoch oben in der Stadt auf dem Berge steht.

Aber diese leuchtende Stadt auf dem Berge war nicht nur das alte Jerusalem, das Bild von der Stadt auf dem Berg hat auch die Puritaner motiviert, die im 17. Jahrhundert aus dem religiös aufgewühlten Europa nach Nordamerika geflohen sind. John Winthrop, der Gouverneur von Massachusetts in den Gründerjahren, warb die Interessierten mit diesem Werbeslogan zur weiten Schiffsreise an: „Wir müssen davon ausgehen, dass wir wie eine *Stadt auf einem Berge* sein sollen. Die Blicke aller Menschen richten sich auf uns." Später haben die Präsidenten Kennedy und Reagan dieses Bild in die politische Welt hineingezogen. Sie sahen Amerika als leuchtendes Vorbild für alle politisch Orientierungslosen.

IV

Christen sind Salz, Licht, Stadt, und zwar jeweils mit akzentuierenden Zusätzen: Sie sind kräftiges Salz, Licht auf dem hohen Leuchter, nicht unter dem Scheffel, sie sind Stadt auf dem Berge, nicht im Tal! Darin sind Zuspruch und Anspruch verknüpft: „*Ihr seid, darum werdet!*"

Das Wichtigste vorweg: „Ihr seid!" Jesus sagt zu den Menschen, die ihn hören: „Du hast schon in dir, was entscheidend wichtig ist! Alles, worauf es ankommt, ist schon in dir." Das ist eine überraschend entspannte spirituelle Anregung. Vertrauter klingen *Wenn-dann-Verknüpfungen:* Wenn du regelmäßig zum Gottesdienst gehst, wenn du die Gebetszeiten samt Ausrichtung nach Mekka beachtest, wenn du dein Karma pflegst, dies oder das tust, dann …

Jesus sagt voraussetzungslos: „Du bist!" – Ich ergänze: Vielleicht fühlst du dich unchristlich, vielleicht leidest du unter Einsamkeit, fragst dich, warum du die Stimme Gottes in deinem Leben nicht laut und deutlich hörst? Grübelst, ob du wirklich Gott nahe bist. Jesus sagt: „Du bist, ihr seid!"

Das ermutigt. Nun kann es weitergehen. Denn natürlich folgt diesem Zuspruch der Anspruch. Dazu sage ich gleich auch noch etwas. Aber diesen einen Augenblick sollten wir uns nicht nehmen lassen, nicht durch Basar und Gottesdienstkreis, weder durch Bauausschüsse noch durch Gemeindefeste oder den Asyl-Arbeitskreis. Jede Aktivität, die wir entfalten können, kommt aus der Ruhe vor Gott: „Ich bin!" Zu dieser Zusage kann ich immer wieder zurückkehren. Sie ist kostbar. Sie ist kostbar wie das Salz der Erde.

V

„This little light of mine" ist ein Gospel-Klassiker. Er gehört zum Standardprogramm des Soweto Gospel Choir. In dem Lied heißt es in immer neuen Schleifen: „Dieses kleine Licht in mir, ich werde es leuchten lassen!" Der Gospelchor aus Soweto ist ein beeindruckender Chor. Dazu gehören viele einzelne Menschen, die unscheinbar erscheinen, die aus dem Armenviertel Soweto in Johannesburg kommen. Der Chor bringt diese Stimmen zusammen und bündelt sie zu einem sehr erfolgreichen Unternehmen.

Inzwischen hat der Chor mit vielen internationalen Größen der Popkultur Konzerte gegeben. Zu seiner Geschichte gehört, dass nicht nur vom Licht des Glaubens gesungen wird. Mit den Einnahmen von ihren Konzerten unterstützen die Sänger ihre eigenen Familien und wohltätige Stiftungen. Eine ist die von ihnen gegründete AIDS-Stiftung, auch andere bekommen Geld von dem Erfolg, den dieser Chor mit Glaubensliedern hat:

This little light of mine, I'm gonna let it shine. Frei übersetzt: Vielleicht hab ich nur ein kleines Licht, aber ich werde es leuchten lassen. Im Kindergottesdienst wird dieser Gedanke aufgenommen, wenn die Kinder singen: „Wir sind die Kleinen in den Gemeinden … Wir sind das Salz in der Suppe der Gemeinde!" Das Salz in der Suppe der Gemeinde! – Und welche Suppe schmeckt schon ohne Salz?

Dabei reicht die bloße Behauptung nicht aus. Jesus spricht kritisch vom *kraftlosen* Salz; ja er spottet: Stell dein Licht nicht unter den Scheffel! Und wer im 17. Jahrhundert in Massachusetts gelebt hat, bekam schnell zu spüren, dass frommer Anspruch und gesetzliche Wirklichkeit im Puritanismus auseinanderklafften. Nicht wenige Siedler zogen deshalb weiter, gründeten andere Kolonien in Neuengland. Boston als Stadt auf dem Berge erschien vielen keineswegs wie das himmlische Jerusalem.

VI

Immer neu sind wir hineingenommen, als Salz zu würzen und zu erhalten, was Ausdauer braucht; als Licht zu scheinen, so dass Menschen sich erstaunt wundern; ja immer neu auch Stadt auf dem Berge sein. Ein Gemeinwesen, das geistliche Leitung praktiziert, das Gaben wichtiger findet als Hierarchien, das sich Bedürftiger annimmt und gerade denen ein Licht aufsteckt, die sonst orientierungslos wären.

All das gehört zur christlichen Gemeinde dazu. Sie ist nie perfekt. So wie der von Boston enttäuschte Pionier Roger Williams, der weiterzog mit der Bemerkung: „Keine Kirche kann für sich beanspruchen, die wahre Kirche zu sein!" Er kam in ein dünn besiedeltes Gebiet, freundete sich mit den Indianern dort an, nannte seine Siedlung „Vorsehung", weil er sich von Gott dahingeführt erlebte. Heute ist aus dieser kleinen Siedlung Providence die Hauptstadt von Rhode Island geworden. Hier sorgte er dafür, dass Menschen unterschiedlichen Glaubens, also auch Nicht-Puritaner siedeln durften. Ein großer Schritt zur Religionsfreiheit.

Leben, einwirken, zeigen, sich anderen sichtbar machen – so wird ein einziges Ziel verfolgt: Gott ist zu loben! Unser Ziel ist nicht die Stabilisierung der Kirchenmitgliedschaft, nicht dass wir besser dastehen als unsere Nachbargemeinde, ja nicht einmal, dass Christen besser dastehen als Glaubende anderer Überlieferungen. – Es geht nur um eines: Gott ist zu loben. Er lässt uns Salz und Licht sein, die Stadt auf dem Berge. Amen.

Vorschläge für das Predigtlied

EG 182   Suchet zuerst Gottes Reich in dieser Welt

EG 390   Erneure mich, o ewigs Licht

Fürbittengebet

Wir loben und preisen dich, großer Gott. Wir sind beeindruckt von bedeutenden Menschen, deren Leben Kraft und Bestand gibt, deren Werke hervorstechen und ausstrahlen. Wir danken dir dafür und loben dich. Schenke uns mehr davon, ja lass uns selbst Salz und Licht sein, an der Stadt auf dem Berge bauen.

Wir bitten dich für die Menschen, die sich kraftlos fühlen, wie auf den Weg geschüttet und zertreten, gib ihnen neue Kraft und Menschen an die Seite, die neue Würze in ihr Leben bringen.

Wir bitten dich für Menschen, die sich in Dunkelheit verloren fühlen, die vergebens ein erhelltes Fenster suchen.

Hilf uns, ein Licht ins Fenster zu stellen, und sie in das große Gotteslob mit hineinzunehmen. Lass deine Kirche immer neu eine Stadt auf dem Berge sein. Vielleicht sind wir es oft nicht, vielleicht überfordert uns schon der Anspruch in Blick auf kleine Gemeinden, bröckelnden Lehm am Kirchturm und große Worthülsen, die dazu nicht passen. Dann lass uns mithelfen, diese Stadt zu bauen, in der sich viele Menschen wohlfühlen sollen und aus der heraus dein Lob erklingt. Dir vertrauen wir uns an, heute und alle Tage – Amen.

Volkmar Latossek

9. Sonntag nach Trinitatis

Matthäus 25,14–30

Liebe Gemeinde!

Nein, mir gefällt das nicht: Geld anlegen. Geld vermehren. Gewinn machen. Das kann doch nicht der Maßstab sein. Und dann das Schlimmste: Wem die Geldvermehrung nicht gelingt, der bleibt auf der Strecke. Schlimmer noch: Der wird rausgeworfen. In die Finsternis. In die Kälte. Dem drohen Heulen und Zähneklappern.

Ich weiß, dass es in unserer Welt so zugeht. Viel zu viele Menschen sind der Verzweiflung nahe, sind der Kälte ausgesetzt, der sozialen Kälte. Besser: Der asozialen Kälte. Zwar sind die meisten weit weg von uns. Asien. Afrika. Aber sie kommen durch das Fernsehen in unsere Wohnzimmer. Heulen und Zähneklappern. Daran hat sich seit Jesu Zeiten nichts geändert. Was Jesus beschreibt, ist genau das, was wir beklagen. Wer viel hat, bekommt noch mehr dazu. Die Reichen werden reicher, die Armen werden ärmer. Das ist keine neue Erfindung, das ist schon immer so. Seit das Geld in die Welt gekommen ist.

Aber dann ist da ja auch noch das kleine, beinahe versteckte Wörtchen „es". Ganz am Anfang der Geschichte. Es – das bezieht sich auf die Geschichten, die vorher erzählt werden und danach. Jesus sagt seinen Freunden, wie sie sich das Kommen des Himmelreiches vorstellen sollen.

Ich will gerne glauben, dass die Leute, die Jesus zuhörten, genauso entsetzt waren wie ich. Ja, Jesus, du hast Recht, leider ist das so in der Welt, in der wir leben. Da gibt es Menschen, denen fällt anscheinend alles in den Schoß. Die profitieren sehr reichlich vom Reichtum. Man hat versucht, die „Zentner" in heutiges Geld umzurechnen. Einige kommen da auf unglaublich große Summen. Das geht gegen eine Million Euro, die dem einen anvertraut werden. Und dem gelingt es, die Summe zu verdoppeln. Jeder Aufsichtsrat wäre glücklich, einen solchen Manager gefunden zu haben. Nein, mir gefällt das nicht.

Aber Jesus macht es, wie er es eben sehr häufig macht. Er spricht seine Zuhörer an auf das, was sie im Alltag erleben. Hört zu! Das kennt ihr doch. Natürlich ist es so in der Welt. Aber: Genauso verhält es sich mit dem Himmelreich. Genau so? Wenn das keine Aufmerksamkeit hervorruft. Mancher wird denken: Da bin ich wohl im falschen Film. Oder doch wenigstens: Da bin ich aber gespannt!

Gewiss ist es gut für unser Verstehen, wenn wir die Geldbeträge gar nicht erst in Euro und Cent umrechnen. Das führt in die Irre. Jesus geht es gar nicht um das Geld. Oder doch nur ganz nebenbei und vergleichsweise. Im griechischen Text ist von Talenten die Rede. Ursprünglich bezeichnete ein Talent die Last, die ein Mann tragen konnte. Später dann hat man Silber so gemessen. Also eine ganze Masse Silbermünzen. Ich muss es nicht erklären:

Bei uns ist ein „Talent" eine bestimmte Begabung. Da beobachten wir also einen sehr interessanten Bedeutungswandel des Wortes „Talent". Vom Geld-Wert hin zum Begabungs-Wert. Und dieser Wandel ist ganz sicher auf Jesus und die Auslegung der Jesusgeschichte zurückzuführen.

Anvertraute Talente. Für das Himmelreich anvertraut! Der eine kriegt viel, der andere wenig. Warum denn das? Und sind denn Talente eine Last? Der eine kann viel tragen, der andere nicht ganz so viel? Oder sind die unterschiedlichen Talente unterschiedlich bewertet? Die mehr im Kopf angesiedelten, die in der Seele, die in den Händen … Der eine kann rechnen, der andere Mitleid empfinden, der dritte kann zupacken … Mancher kann mehreres.

Warum wird unterschiedlich zugeteilt? Darauf finde ich keine Antwort. Vielleicht ist ja schon die Frage falsch gestellt. Es ist, wie es ist. Manches bleibt verborgen. Manches bleibt ein Geheimnis. Warum denn alles so ist, wie es ist … Sicher ist aber dies: Auch der mit dem kleinsten Talent hatte eine Begabung erhalten, brauchbar für das Himmelreich. Wenn er es nicht „vergraben" hätte. Das ist der springende Punkt: Talente sind gut für das Himmelreich, wenn sie genutzt werden.

Es ist wohl kein Zufall, dass Matthäus ein ganzes Kapitel mit Geschichten gefüllt hat, die Jesus im Blick auf das Himmelreich erzählt hat. Den meisten von uns werden sie gut vertraut sein. Von den zehn Jungfrauen, denen die Nacht über den Hals kommt. Die einen zünden ihre Lampen an und verbreiten Licht auf dem Weg. Die anderen wollen auf Kosten anderer leben. „Gebt uns von eurem Öl …“ Diese Haltung aber ist nicht himmelreichstauglich.

Oder die andere Geschichte. Schafe und Böcke, die voneinander getrennt werden. „Was ihr getan habt, einem meiner geringsten Brüder, das habt ihr mir getan.“ Hunger und Durst stillen, für Kleidung sorgen, beherbergen und besuchen. Eigentlich gar nichts Bemerkenswertes. Kleine Dinge, die aber den großen Unterschied ausmachen: Himmelreich oder nicht. Das ist der springende Punkt: Talente sind gut für das Himmelreich, wenn sie genutzt werden.

Auch wir können Beispiele finden. Da muss man gar nicht in die Ferne schweifen, die Ferne anderer Zeiten oder die Ferne anderer Länder. Gewiss sind da bedeutende Namen und leuchtende Vorbilder herausgestellt geworden. Manche Christen nennen sie Heilige. Aber es genügt auch schon der aufmerksame Blick in die unmittelbare Nachbarschaft.

Welche vielfältigen Talente gibt es in meiner Familie. Wie viele Menschen stellen ihre Talente in den Dienst der Gemeinde. Wo überall sind talentierte Leute für den Kleingartenverein, die Feuerwehr, den Jugendclub tätig. Wenn es um Talente für das Himmelreich geht, sollten wir uns bei der Suche nicht auf die Kirche beschränken.

Jesus spricht von der Verdopplung des anvertrauten Gutes. Das sieht nach sehr viel aus. Auf den ersten Blick jedenfalls. Aber Jesus will wohl sagen: So viel ist auf jeden Fall drin. Wir sprechen heute von Multiplikatoren, wenn es um die Weitergabe von Talenten geht. Talente multiplizieren. Vervielfachen, nicht nur verdoppeln. Manchmal gelingt es gut. Ich denke an Schulklassen und Seminare, Konfirmandengruppen, Konferenzen und Kirchentage.

Jesus denkt bescheidener. Wenn einer dem andern mit seinem Talent ein Stück Himmelreich bereitet: helfen und heilen, trösten und tragen, beraten und begleiten. Welches Gewicht, welchen Wert das einzelne Talent hat, das wird wohl nur der ermessen können, mit dem es geteilt wurde. Für jemanden, der trauert, kann ein tröstendes Wort, also ein anscheinend ganz kleines Talent eine ganz große Bedeutung bekommen. Nein, wir sollten nicht fragen, warum in der Jesusgeschichte dem einen viel, dem anderen wenig zugeteilt wird. Das ist der springende Punkt: Talente sind gut für das Himmelreich, wenn sie genutzt werden.

Interessant: Dem wenig zugeteilt wurde, der wird zum abschreckenden Beispiel. Dem nur ein einziges Talent zuteilwird, der vergräbt es. Hat Jesus das mit Absicht so erzählt? Wir kennen ja auch genug Beispiele, wo Leute – mit Talenten reich gesegnet – nichts, aber auch gar nichts tun für die Allgemeinheit. Der wenig Talentierte hat Angst. Und er weiß nichts Besseres mit seinem Talent anzufangen, als es zu verstecken. Wie viel versteckte Talente mag es unter uns geben!

Ich glaube nicht, dass Jesus das als Warnung oder gar als Drohung so erzählt hat. Heulen und Zähneklappern … Ich sehe es eher als Beschreibung eines beklagenswerten Zustandes. Ungenutzte Talente – darunter leiden diejenigen zuerst, die mit ebendiesen Talenten ausgestattet sind, aber sie ängstlich verbergen. Ein Talent kann verdoppelt werden. Aus der Angst, es zu verlieren, kann verdoppelte Angst werden. Heulen und Zähneklappern. Talentiert – aber vereinsamt. Talentiert – aber verbittert. Dem ist nichts hinzuzufügen.

Und so schließt Jesus sein Gleichnis vom Himmelreich mit diesen starken Worten: Heulen und Zähneklappern. Nein, gefallen kann mir das nicht. Doch es regt mich an, nach den Quellen der Angst zu fragen. Auch meiner Angst, als ob meine Talente zu unbedeutend wären oder als ob ich darauf zu achten hätte, nur ja nichts falsch zu machen. Oder wie auch immer die Begründung meiner Seele ausfällt, mein Talent zu vergraben. Woher kommt die Angst?

Der ach so gestrenge Herr. Das scheint sehr tief in uns zu stecken. In uns Christen. Manchem von uns ist seit frühen Kindertagen das Lied vertraut: Gib Acht, kleine Hand, was du tust … kleiner Mund, was du sagst … Ja, es ist ganz bestimmt gut, schon kleinen Kindern beizubringen, dass sie achtsam sein sollen, nicht unbedacht andere Menschen kränken oder schlagen. Aber dann kommt ja noch die Begründung: … denn der Vater in dem Himmel schaut herab auf dich! Der drohend erhobene Zeigefinger wird zwar abgemildert: … der Vater im Himmel hat dich lieb. Aber angsteinflößend bleibt es doch. *Herr, ich wusste, dass du ein harter Mann bist!*

Manche, die dem Himmelreich verbunden sind, die gerne Jesus auf seinem Weg folgen wollen, haben das im Hinterkopf: *Herr, ich weiß, dass du ein harter Mann bist!* Der strenge und manchmal auch zürnende Gott. Die Frage ist: Wann kommt bei mir die Angst hoch, ich könnte womöglich etwas falsch machen? Meistens sind es ja die etwas heikleren Entscheidungen. Das Für und Wider wird abgewogen. Und dann bespricht man sich noch mit anderen Zweiflern. Und am Ende tue ich – nichts. Besser ist besser …? Nein, sagt Jesus. Nichts tun, das ist ganz schlecht. Das ist wie Talente vergraben.

Darf ich noch unseren guten alten Martin Luther hinzufügen? Pecca fortiter – sündige kräftig! So hat er es seinem manchmal etwas zu zaghaften Freund Philipp Melanchthon geschrieben. Nein, wir wissen oft nicht im Voraus, was wirklich gut und was richtig ist. Aber wir können immer auf Christus vertrauen, den Sieger über die Sünde. Sagt Luther.

Nein, so richtig gefällt mir das auch nicht, dieses „sündige kräftig!" Aber es ist wohl die Wahrheit: Das ängstliche Vergraben meines Talents ist schlechter als dessen manchmal nicht ganz richtiger Einsatz. Wenn sich im Nachhinein herausstellt, dass mein Einsatz das Falsche bewirkt hat, dann kann ich auf Jesus und seine Barmherzigkeit vertrauen.

Ich glaube es Jesus gern: Talente lassen sich verdoppeln. Mindestens. Und wenn ich zweifle, ob ich mein Talent richtig gebrauche. Oder wenn gar die Angst aufkommt. Im Zweifel nie? Bei Jesus gilt diese Regel nicht. Amen.

Vorschläge für das Predigtlied

EG 494   In Gottes Namen fang ich an

EG 419   Hilf, Herr meines Lebens

Fürbittengebet

Mein Gott, zuerst will ich dir danken. So viele Talente! In meinem Leben und im Leben der Menschen, die mir nahe sind. Wir können einander so viel geben und voneinander so viel empfangen. Du bist so reich und hast uns so reich gemacht. Danke, mein Gott!

Mein Gott, ich will dir bekennen, dass manches brach liegt von dem, was du mir geschenkt hast. Manchmal traue ich mich nicht. Manchmal habe ich Angst, dass es misslingen könnte. Manchmal schaue ich ängstlich auf die Menschen neben mir, ob sie mich womöglich gar nicht beachten. Vergib mir, mein Gott!

Mein Gott, ich will dich bitten. Ich denke an Menschen, denen du Talente gegeben hast. Aber sie können sie nicht nutzen, weil sie arm sind, weil sie unter Krieg und Verfolgung leiden, weil sie wegen ihrer Religion, ihrer Herkunft, ihres Geschlechts benachteiligt werden. Schaffe ihnen Gerechtigkeit, mein Gott.

Mein Gott, ich will gestehen: Auf so viele Fragen habe ich keine Antwort. Manches macht mich ratlos. Mitunter steigt Zorn in mir auf. Schenke mir Klarheit, Geduld und Vertrauen in deine Liebe, mein Gott!

Manfred Bauer

10. Sonntag nach Trinitatis

Markus 12,28–34

Liebe Gemeinde!

Vom Zentrum des christlichen Glaubens hören wir heute, dem Doppelgebot der Liebe. Im kirchlichen Unterricht wurden Konfirmandinnen und Konfirmanden gefragt: Welches von den Zehn Geboten haltet ihr für das wichtigste Gebot? Es waren 28 Konfirmanden. 26 davon haben geantwortet: das Gebot „Du sollst nicht töten". Keiner hat das erste Gebot genannt. Dass man einen anderen nicht töten darf, ja, dass durch dieses Gebot das Leben von uns Menschen geschützt wird, jeder eine unantastbare Würde, ein Recht auf Leben hat – das war für sie einleuchtend. Konkret und verstehbar. Trotz der vielen Bilder von Getöteten im Fernsehen, sei es in Krimis, sei es in den Kriegsgebieten in aller Welt.

Welches von den Zehn Geboten ist das wichtigste? Darüber hat auch Jesus mit seinen Jüngern und seinen Zuhörern diskutiert. Jetzt sehen wir einen ernsthaften Mann, der sich viel mit der Tora und den anderen Texten der jüdischen Bibel, dem Tanach, beschäftigt hat. Er hat erlebt, wie Jesus den Schriftgelehrten geantwortet hat. Diese Antworten haben ihm gefallen. Er gesteht Jesus im Auslegen der Schrift eine gewisse Autorität zu. Darum traut er sich und stellt ihm die Frage, die ihn schon lange beschäftigt hat: Es gibt so viele Gebote in der Bibel, welches ist das wichtigste? Ja, mehr noch: Welches ist das höchste, gleichsam das alleroberste unter den Geboten?

Für Jesus ist nicht das Gebot „Du sollst nicht töten" das höchste. Für ihn ist das erste Gebot das wichtigste. Allerdings nicht in der Form, wie wir es beim Auswendiglernen der Gebote gelernt haben: „Du sollst keine anderen Götter neben mir haben", sondern in der positiven Form, wie sie im 5. Buch des Mose steht (Kapitel 6, Vers 5): „Du sollst den Herrn, deinen Gott, lieben von ganzem Herzen, von ganzer Seele, von ganzem Gemüt und von allen deinen Kräften."

Um zu verstehen, was Jesus damit meint, ist es hilfreich zu wissen, welche Bedeutung dieses Gebot bei gläubigen Juden bis heute hat: Wenn man heute im modernen Israel ein Haus oder eine Wohnung betritt, dann hängt am Türzargen der Eingangstür eine kleine aus Holz oder Porzellan, manchmal auch aus Ton oder Bronze gefertigte Kapsel, so etwa zehn Zentimeter lang und ein bis zwei Zentimeter breit. Ein gläubiger Israeli, der an dieser Türkapsel vorbeigeht, berührt sie mit seinen Fingerspitzen. Manchmal führt er diese dann auch noch an seinen Mund. Das wirkt merkwürdig, wird jedoch auf einmal verständlich, wenn man die Bedeutung dieser Kapsel kennt. Diese Kapsel, man kann sie als Tourist auch als Souvenir kaufen, enthält im Inneren ein zusammengefaltetes Stück Papier, auf dem Bibelworte stehen, immer die gleichen in jeder Kapsel. Und diese Bibelworte beginnen mit den Worten: „Schema Jisrael, Adonaj Elohenu Adonai ächad", auf Deutsch: „Höre, Israel, der Herr, unser Gott, ist der Herr allein", und dann geht es weiter mit den Worten „und du sollst den Herrn, deinen Gott, lieben von ganzem Herzen, von ganzer Seele, von ganzem Gemüt und von allen deinen Kräften".

Die Sitte, dieses „Höre Israel" an die Türpfosten anzubringen, findet sich schon als Weisung im Alten Testament und ist sicher schon in dieser Zeit praktiziert worden. Jesus hat sie also gekannt. Vielleicht befand sich eine solche Kapsel, Mesusa genannt, auch am Haus des Zimmermanns Josef, in dem Jesus seine Jugend verbrachte. Jesus sagt damit: Ihr habt es täglich vor Augen, wenn ihr ein Haus betretet oder durch ein Tor geht. Ihr habt es vor Augen, das höchste Gebot.

Aber was heißt das konkret, Gott lieben? Nach wie vor finde ich das, was Martin Luther sagte, am treffendsten. „Woran einer sein Herz hängt, das ist sein Gott." Fragen Sie sich heute Abend einmal in einem ruhigen Moment: Woran hängt mein Herz? Was ist mir jeden Tag am wichtigsten? Was ist mir in meinem Leben am wichtigsten? Wofür setze ich alle Kräfte ein? Fragen Sie es sich einmal selber. Ganz für sich allein. Und blicken Sie dann in Ihre Antwort wie in einen Spiegel: Ist das eigentlich mein Gott, dem ich Herz, Gefühl, Seele und meine Kräfte widme?

Keine Angst, ich werde nicht moralisch und stelle Ihnen negative Beispiele vor, woran Menschen ihr Herz hängen. Das brauche ich nicht, das wissen Sie selbst. Aber mich selbst einmal wirklich vor meinem eigenen seelischen Auge zu befragen, das ist etwas anderes. Da kann ich mich nicht verstecken hinter dem: ja, die anderen.

Ich bin übrigens der Meinung, dass Gott zu lieben nicht bedeutet, dass ich bestimmte Dinge tun muss. Liebe verlangt keine Leistung. Liebe zeigen kann man nicht durch Rituale. Wenn Sie einen Menschen lieben, dann bekunden Sie das ja auch nicht mit Ritualen. – Der Blumenstrauß am Hochzeitstag ist ja eher ein Eingeständnis, dass man im Alltag sich zu wenig gezeigt hat, dass man sich liebt. Was tun Sie, wenn Sie jemanden ganz innig lieben? Sie sagen es ihm vielleicht, zeigen es ihm durch Umarmen oder Küssen, schenken ihm spontan etwas, freuen sich, bei ihm zu sein, lächeln ihn an, zeigen ihm, dass er ihnen gut tut.

Übertragen wir dies auf Gott, dann kann es bedeuten: Sie sagen es ihm, dass Sie ihn lieben, Sie zeigen es ihm, Sie schenken ihm etwas, Sie freuen sich, ihm zu gehören, Sie zeigen ihm, dass er ihnen guttut. Vielleicht darüber hinaus: Sie danken ihm, dass er Ihnen Leben und Gesundheit schenkt oder Kraft, für den Alltag. Sie singen ihm ein Lied. Auf dem Feld. Im Haus. Im Auto.

Vom Zentrum des christlichen Glaubens hören wir heute, dem Doppelgebot der Liebe. Das Neue, was Jesus in die Welt gebracht hat, ist nicht das Gebot der Gottesliebe. Das steht ja schon im Alten Testament. Es ist auch nicht das Gebot der Nächstenliebe, das steht auch schon im Alten Testament. Im dritten Buch Mose. Übrigens: Im selben 19. Kapitel des 3. Buches Mose, fast nebeneinander steht auch noch: „Du sollst den Fremdling lieben wie dich selbst." Nein, das Gebot der Gottesliebe und das Gebot der Nächstenliebe teilen sich Juden und Christen. Das Neue ist, dass Jesus beide einander gleichstellt. Gottesliebe ohne Menschenliebe ist Heuchelei, ein Irrweg, wie es die kleine, Ihnen vielleicht bekannte Erzählung verdeutlicht:

Eine Frau träumte eines Nachts von Gott. Sie hörte ihn sagen: „Morgen will ich dich besuchen." Am nächsten Morgen klingelte es an der Tür. Aber draußen stand nur ein Bettler und bat um Essen, ein Brot oder eine Suppe. „Tut mir leid", sagte die Frau, „ich erwarte hohen Besuch und kann Sie nicht hereinlassen." Nach einer Weile klingelte es wieder. Mit klopfendem Herzen ging die Frau an die Tür. Da stand eine Frau mit verweintem Gesicht: „Helfen Sie mir! Ich weiß nicht mehr weiter." „Entschuldigen Sie, aber ich habe jetzt keine Zeit", erwiderte sie und schloss die Tür. Schließlich klingelte es von neuem. Ein kleiner Junge sah die Frau mit ängstlichen Augen an: „Mein Ball ist leider in Ihr Kellerfenster gefallen. Darf ich ihn herausholen?" „Da bleibt er heute erst einmal liegen", antwortete die Frau ärgerlich. „Passt besser auf, wenn ihr Ball spielt!" Allmählich wurde es Abend. Gott hatte sich nicht sehen lassen. Traurig ging die Frau zu Bett. Im Traum erschien ihr Gott und sagte: „Dreimal habe ich dich heute aufgesucht, und dreimal hast du mich weggeschickt! Hast du es nicht gemerkt?"

Aber auch einer Menschenliebe ohne Gottesliebe fehlt etwas. Die Verbindung zu der Quelle, aus der sich Liebe speist: zu Gott. Sie stellt gewissermaßen das Geschöpf über den Schöpfer. Sie stellt den Menschen in den Mittelpunkt und verliert den Urgrund des Seins, den Bezug zum Ursprung der Lebenskraft und des Segens, ohne den es kein Gedeihen gibt.

Das spezifisch Christliche ist die enge Verbindung von Gottes- und Nächstenliebe, ihre Gleichrangigkeit. Und dies hat, blickt man in die Geschichte, einen riesigen Strom von Werken der Nächstenliebe hervorgebracht hat. Das ist neben der Spur der Gewalt, die sich durch die Kirchengeschichte zieht, die Spur, die oft übersehen wird: Millionen von Menschen haben ihr Leben in den Dienst an den Nächsten gestellt und tun es immer noch. Ich denke dabei an die Schwestern der Sozialstation, an Ärztinnen und Pfleger in den Kranken- und Pflegeheimen, aber auch an die, die zu Hause einen Angehörigen pflegen. Oder die, die ein Kind adoptieren, oder an Menschen, die bedrohten Flüchtlingen Unterschlupf gewähren. Oder an die, die in Suppenküchen und an Tafeln Essen für unsere verarmten Mitbürger verteilen.

Aber: In einer Zeit, in der die Gewaltbereitschaft zunimmt, ist es wichtig, dass wir dieses Gebot nicht nur hochhalten, sondern einüben. Es ist heute wichtiger denn je, dass wir als das Zentrum dessen, was Kirche zu vermitteln hat, die Gottes- und Menschenliebe hochhalten. Das ist unser Dienst an der Menschheit und an unserer Gesellschaft. Denn wo soll es hingehen, wenn die Missachtung der Würde des Menschen weitergeht? Wo wird es hingehen, wenn die Achtung vor dem Menschen verlorengeht? Nächstenliebe ist ja verbunden mit der Achtung vor den anderen. Die anderen so zu respektieren, wie wir selber respektiert werden wollen. Das ist zugleich Achtung vor dem Geschöpf Gottes und darin ein Zeichen von Gottesliebe.

Das Gebot der Nächstenliebe, das wissen wir alle, hat zwei Aspekte: Du sollst deinen Nächsten lieben *wie dich selbst*. Man kann übrigens auch sagen: Liebe deinen Nächsten, er ist wie du. Hier wird an das erinnert, was wir Menschen alle gemeinsam haben. Vom Atmen bis zum Wunsch, in Frieden zu leben, zu lieben und zu arbeiten. Darum meint das Gebot zugleich die Achtung vor dem andern und die Selbstachtung.

Du bist wertvoll. Gott bejaht dich, damit du ja zu dir sagen kannst. Gott ist da für dich – damit du frei sein kannst, für andere da zu sein.

Vom Zentrum des christlichen Glaubens hören wir heute, dem Doppelgebot der Liebe. Warum sagt Jesus zu dem Schriftgelehrten: Du bist nicht fern vom Reich Gottes? Warum sagt er nicht: Du hast das Reich Gottes schon gefunden? Nun, der Schriftgelehrte hat mit seinem Kopf verstanden, worum es geht. Er hat mit seinem Kopf verstanden, dass Jesus ihn ins Zentrum geführt hat. Er hat mit seinem Denken, vielleicht auch schon mit seinem Fühlen verstanden, dass Gottes- und Nächstenliebe das Wichtigste ist. Aber: Es fehlt noch die Tat. Es fehlt noch die Umsetzung. Es fehlt noch, dass er das auch lebt, was er verstanden hat.

Denn jetzt, wo er verstanden hat, beginnt das Schwierige: Es auch zu tun. Es zu leben. Im Alltag. Was heißt es, den anderen lieben wie mich selbst? Darüber, liebe Gemeinde, sollten wir in unseren Kreisen und zu Hause ringen. Darum, dass Liebe sichtbar wird. Dass sie sichtbar wird und Unterstützung findet, dort, wo sich jemand um einen anderen kümmert, dem es schlecht geht. Denn das täte mir ja auch gut, wenn ich in der gleichen Lage wäre. Dass ich nicht mehr über andere herziehe – denn ich weiß, wie es mir ergeht, wenn man über mich herzieht. Dass ich mein Herz öffne, wenn ich weiß, da kommen Menschen aus Lebensgefahr zu uns und können jetzt in einem Haus Schutz finden und Nachbarn, die sie als eine Bereicherung ihres Lebens wahrnehmen. Dass ich nicht die Schuld anderen zuschiebe, sondern anfange, mich mit verantwortlich zu fühlen.

Wir sollten stolz darauf sein können, dass unsere Religion, unser Glaube, unsere Botschaft als ihre Mitte die Liebe zu Gott und zu den Menschen bekennt. Weil es die Mitte ist, von der Jesus Christus her lebte. Wir sollten weiterhin Zeichen setzen der Liebe, damit andere neugierig werden und sagen: Hier fühle ich mich wohl, denn hier werde ich verstanden, ernst genommen und hier wird darüber gesprochen: Wie können wir Menschen zum Nächsten werden.

Vom Zentrum des christlichen Glaubens hörten wir heute, dem Doppelgebot der Liebe. Amen.

Vorschläge für das Predigtlied

EG 412   So jemand spricht „Ich liebe Gott" und hasst doch seine Brüder

EG 416   O Herr, mach mich zum Werkzeug deines Friedens

Fürbittengebet

Gott, himmlischer Vater,

du weißt, was wir brauchen, ehe wir dich darum bitten. Du weißt, wo wir bedürftig sind, selbst wenn es uns nicht bewusst ist. Mit leeren Händen stehen wir vor dir. Wir bitten dich, fülle du sie mit deinen guten Gaben. Schenke uns für unser Inneres, für unser Herz, unsern Verstand und unser Gefühl deine Kraft der Liebe, des Verstehens, des Mutes und der Furchtlosigkeit.

Du kennst die Not der Vielen, deiner Geschöpfe, die zu dir flehen, mit Worten oder stumm. Gib uns Mut, uns denen zuzuwenden, die menschliche Hilfe brauchen, den Kranken, den Einsamen, den arbeitslos Gewordenen, denen, die kein Dach über dem Kopf haben, den Ängstlichen und den mutlos Gewordenen. Stärke sie durch deinen Geist, die Kraft, die von dir ausgeht, die Kraft der Liebe und des Lebens.

Du kennst die Sehnsucht der Menschen nach Frieden und Liebe. Und nach einer Welt, in der es sich zu leben lohnt. Du selbst hast uns die Wege aufgezeigt, Liebe zu leben, Frieden zu bewahren und Gerechtigkeit zu verwirklichen.

Ermutige uns immer wieder, mutige Schritte zu gehen und uns nicht zu scheuen, die Liebe, die du in Jesus Christus vorgelebt hast, zu leben.

Wir gedenken heute insbesondere der Opfer der Kriege im Vorderen Orient, in Afrika, in Europa und in Lateinamerika. Lass die Bereitschaft zu helfen und zu heilen nicht ersticken. Rühre nicht nur unseren Verstand an, sondern auch unsere Hände zu tätigen Zeichen der Liebe.

Du, Gott, bist die Liebe. Dein Sohn hat deine Liebe in der Welt sichtbare Gestalt gewinnen lassen. In seinem Namen beten wir:

Vater unser

Jürgen Kegler

11. Sonntag nach Trinitatis

Lukas 18,9–14

Liebe Gemeinde!

Sind Sie „fromm"? Was ist das überhaupt: ein frommer Mensch? Wenn man Kirchensteuer bezahlt? Jemand, der häufig in die Kirche geht oder regelmäßig betet? Ein Mensch, der an Gott glaubt? Wer Gutes tut? Wenn die Pfarrerin einen Hausbesuch macht, erlebt sie mitunter, wie die Besuchten offenbar ein großes Bedürfnis, ja bisweilen sogar einen Druck empfinden, sich zu erklären. Fast reflexartig setzt eine Art Rechtfertigungszwang ein: „Wissen Sie, Frau Pfarrerin; ich hab's nicht so mit dem Gottesdienst! Aber das heißt nicht, dass ich nicht glaube!" „Herr Pfarrer, ich bin zwar aus der Kirche ausgetreten, aber ich spende für Menschen Not."

Aber nicht nur gegenüber der Pfarrerin oder dem Pfarrer, auch vor uns selbst und vielleicht sogar Gott gegenüber empfinden wir einen solchen Drang, Rechenschaft abzulegen. Dabei reicht es offenbar nicht, einfach nur fromm zu sein. Man will vor allem nicht weniger fromm sein als die anderen, die die Gottesdienste besuchen oder Kirchensteuer bezahlen – wenn nicht im äußerlichen Sinn, so doch wenigstens in der inneren Haltung; wenngleich nicht in kirchlicher Hinsicht, dann aber zumindest im Bereich der Moral. Spenden statt Gottesdienst, gute Taten statt beten!

Klammer auf: Im Hintergrund solcher Rechtfertigungsmuster steht natürlich eine bestimmte Wertung: Individueller Glaube ist wichtiger als Gottesdienstbesuch; Spenden sind besser als Kirchensteuer. Unter dieser Voraussetzung fällt die Bilanz positiv aus.

Weil es für Frömmigkeit keinen objektiven Maßstab gibt, vergleichen wir uns mit anderen. Wir können offenbar nicht anders. Es ist ein bisschen wie bei der Frage, ob ich reich bin. Reich ist man immer nur relativ. Im Vergleich mit dem Hartz-IV-Empfänger sind viele von uns zwar relativ reich, neben Bill Gates dann aber doch eher arm. Mit der Frömmigkeit verhält es sich ganz ähnlich: Im Vergleich mit Mut-

ter Theresa läuft es für die meisten in Richtung Zöllner; verglichen mit denen, die
der Kirche den Rücken zukehren, fühle ich mich als regelmäßiger Kirchgänger dem
Pharisäer nahe.

Die Theorie des sozialen Vergleichs beschreibt dieses Phänomen: Im Wunsch zur
Selbsteinschätzung liegt ein starkes Motiv, sich mit anderen zu vergleichen. „Bin ich
klug? Bin ich schön; bin ich gesund oder fromm?" Um solche und ähnliche Fragen
zu beantworten, vergleichen wir uns mit anderen. Wir möchten wissen, wie gut wir
etwas können, ob wir eine bestimmte Fähigkeit haben oder ob unsere Einstellungen
korrekt sind. Und weil Menschen ein möglichst positives Selbstbild anstreben, vergleichen sie sich am liebsten mit denen, die schlechter sind. Denn wir fühlen uns
gut, wenn wir besser sind. Wir vergleichen uns, um unser Selbstwertgefühl zu steigern. Das hat mit Hochmut zunächst wenig zu tun, eher mit Selbstvergewisserung
angesichts von Ängsten und Unsicherheit: Krebskranke Menschen vergleichen sich
vorrangig mit Menschen, denen es schlechter geht als ihnen selbst.

Man kann sich den Pharisäer daher durchaus als bescheidenen und sympathi-
schen Menschen vorstellen, vor allem aber als jemanden, der dankbar ist. Er weiß,
dass es keine Selbstverständlichkeit ist, dass er so ist, wie er ist. Er denkt bei sich:
„Was für ein Glück, dass ich kein Räuber, kein Ehebrecher geworden bin." Denn
unter anderen Umständen oder wenn das Leben nur ein wenig anders verlaufen
wäre, hätte vielleicht auch aus ihm ein Zöllner werden können, einer, dessen moralische Bilanz negativ ausfällt.

Ich glaube, dass die Dankbarkeit des Pharisäers echt ist. Im Vergleich mit dem
Zöllner tritt ihm ins Bewusstsein, was ihn selbst auszeichnet: dass er Glück gehabt
hat, aber auch, dass ihm dieses Glück zur Verpflichtung geworden ist. Er lebt vor-
bildlich und tut mehr, als das Gebot fordert. Er fastet häufiger als verlangt und gibt
mehr als geboten. Auch das lässt sich als Ausdruck von Dankbarkeit verstehen. Er
nimmt ernst, was ihm geschenkt wurde.

Die Geschichte, die Jesus erzählt, macht aber deutlich, dass die Dankbarkeit des
Pharisäers eine Schattenseite hat, die seine Frömmigkeit gewissermaßen vergiftet.
Die Frömmigkeit des Vergleichs lebt nämlich davon, dass sie sich auf einer Skala
einordnet. Sie lebt von dem Zwang, dass *ich* mich rechtfertige: vor dem Pfarrer, vor
mir selbst und am Ende vor Gott. Und als Selbstbehauptung lebt sie davon, dass

andere schlechter sind als ich. Die eigene Aufwertung ist nicht zu haben ohne die Abwertung des anderen.

Die Frage bleibt: Was bedeutet es Gott gegenüber, dass ich frömmer bin als mein Nachbar? Gegenüber Gott funktioniert das Modell des Vergleichens nicht mehr. Weder im Sinn der Selbstbehauptung noch im Sinne eines Vergleichs, wie er zwischen Gläubiger und Schuldner möglich ist, bei dem beide Seiten sich einander annähern. So kommt mir der Pharisäer ein wenig vor wie ein Mensch, der auf eine Haushaltsleiter steigt und der Auffassung ist, er sei der Sonne näher als jene, die noch auf dem Boden stehen. Der moralische Abstand zwischen dem Pharisäer und dem Zöllner ist real. In einer Gesellschaft spielen solche Unterschiede zu Recht eine Rolle. Aber sie taugen am Ende wenig für die Rechtfertigung eines Lebens. Wir ahnen es, dass es Gott gegenüber nicht reichen kann, wenn man relativ fromm ist. Dass es nicht darum geht, ein bisschen gerechter zu sein als die anderen. Was im Vergleich unter Menschen seine Gültigkeit hat, lässt sich nicht einfach auf die Beziehung zu Gott übertragen. Unsere moralischen Haushaltsleitern und frommen Vergleichsangebote taugen nicht zum Aufstieg in den Himmel.

Bemerkenswerterweise erzählt Jesus sein Gleichnis so, dass es uns herausfordert, genau dasselbe zu tun wie der Pharisäer. Man kommt gar nicht umhin, sich mit den beiden Betern der Geschichte zu vergleichen. Das Ganze ist aber hintergründig. Denn es ist ein entlarvender Vergleich. Er dient dazu, jene trügerische Form des Vergleichs zu unterlaufen, mit der wir versuchen, uns selbst ein gutes Zeugnis auszustellen. Das ist typisch für die Gleichnisse Jesu. Sie halten uns einen Spiegel vor und hinterfragen uns. Man kann diese Geschichten nicht aus der sicheren Distanz derer betrachten, die nicht betroffen sind.

Im Gleichnis erscheint der Zöllner als der eigentlich vorbildliche, fromme Mensch. Das ist bereits die erste Provokation, weil sie den Hörern zumutet, gängige Klischees zu hinterfragen. Der Zöllner geht den Weg der Selbstbehauptung und Selbstrechtfertigung nicht und liefert sich auf eine radikale Weise Gott aus. Er betet: „Gott sei mir Sünder gnädig!" Dieses Bekenntnis verzichtet auf jeden Vergleich. Es geht gar nicht mehr darum, wer denn nun der größere Sünder oder der frömmere Mensch ist.

Dabei liegt – gerade für einen evangelischen Christenmenschen – nahe, sich mit dem Zöllner zu vergleichen: Ich weiß doch, dass ich mir auf meine Frömmigkeit nichts einbilden darf. Ich glaube, dass Gott den Sünder rechtfertigt, und bekenne, dass auch ich ein Sünder bin. Eben darum bin ich nicht wie der Pharisäer.

Gerade dieser auf den ersten Blick protestantische Reflex wird durch das Gleichnis entlarvt. Denn das ist die scheinbar paradoxe Pointe dieser Geschichte: Wer sich mit dem Zöllner identifiziert, hat das Gleichnis gerade *nicht* verstanden, sondern verhält sich in Wahrheit wie der Pharisäer, über den er sich erhebt. Selbst der reformatorische Glaube an die Rechtfertigung des Sünders lässt sich als religiöser Besitzstand missbrauchen.

Wer sich aber umgekehrt nicht im Zöllner, sondern im Pharisäer wiederfindet und darüber erschrickt, der nimmt in Wahrheit die Haltung des Zöllners ein, der die Vergeblichkeit aller menschlichen Selbstbehauptungsstrategien durchschaut, die sich damit begnügen, besser zu sein als die anderen.

Es ist eine bittere Erkenntnis: Das Gebet des Zöllners ist im Grunde eine verzweifelte Bitte. Es ist die bedingungslose Kapitulation, der Verzicht auf jeglichen Anspruch und jede Möglichkeit einer Selbstrechtfertigung. Es ist auch der Verzicht auf jede Form des Selbstvergleichs. Der Zöllner kommt gar nicht auf den Gedanken, sich mit dem Pharisäer zu vergleichen. Nicht nur weil es ein hoffnungsloser Vergleich ist. Er könnte ja sagen, ich bin ein Zöllner und das da drüben ist ein Heuchler, so dass unter dem Strich wenigstens herauskäme: „Ich bin auch kein größerer Sünder." Aber das wäre ja nur die negative Variante der frommen Selbstrechtfertigung. Nein, der Zöllner weiß, dass das mit Blick auf Gott vergeblich ist. Er sagt: Ich bin ein Sünder. Punkt. Nicht: Ich bin ein kleiner Sünder. Auch nicht: Ich bin ein großer Sündern. Einfach nur: Ich bin ein Sünder.

Und nun geschieht etwas Wunderbares: Im Gleichnis heißt es am Ende: Dieser – nämlich der Zöllner – ging gerechtfertigt nach Hause. Es heißt nicht: ein wenig gerechter; auch nicht etwas frömmer, sondern einfach nur: gerecht. Punkt. Und so ist es das Größte, was man von einem Menschen sagen kann: Ein Gerechter bei Gott.

Liebe Gemeinde, die Geschichte beginnt mit der Beschreibung eines Menschen, der sich selbst für fromm, sprich: gerecht hält. Und sie endet mit der Beschreibung eines Menschen, der sich überhaupt nicht für fromm hält, der aber Gott gerade darum recht ist. Was scheinbar so dicht beieinander liegt, könnte doch in Wahrheit nicht weiter voneinander entfernt sein wie Himmel und Hölle.

Ich möchte das zum Schluss mit einer vertrauten Erfahrung verdeutlichen: Wenn ich zu meiner Frau, meinem Mann sage: „Ich bin schön!", dann ist das eitel, selbst wenn es in einem relativen Sinn wahr sein mag. Wenn aber meine Frau umgekehrt zu mir sagt: „Du bist schön!", dann ist das ein Kompliment, das mich in einer tiefen Weise glücklich zu machen vermag, selbst wenn es nach menschlichen Vergleichsmaßstäben eine Übertreibung sein mag. Aber ist es dennoch wahr, wahr zwischen meiner Frau und mir und zwar in einem ganz realen Sinn: Ich bin schön, weil meine Frau mich so ansieht. Das ist keine Einbildung, sondern eine Tatsache – selbst dann, wenn ich mich in der Selbstbetrachtung und im Vergleich mit anderen überhaupt nicht als schön empfinde. Ich bin gerecht, weil Gott mich so ansieht! Und nicht, weil ich ein bisschen frömmer bin als mein Nachbar.

Liebe Gemeinde, vielleicht hat der Zöllner im Tempel genau diese Erfahrung mit Gott gemacht. Ich bin überzeugt: Der Pharisäer mag selbstbewusst und erhobenen Hauptes nach Haus gegangen sein, aber glücklich und befreit ist der Zöllner heimgekehrt. Nicht die menschliche Selbstbehauptung macht selig, sondern die bedingungslose Liebe und Gnade Gottes. Gott spricht: Du bist schön und geliebt in meinen Augen. Das ist der Kern der biblischen und reformatorischen Rechtfertigungslehre. Und glauben Sie mir, eine solche Erfahrung verändert nicht nur unsere innere Haltung, sie verändert das Leben und befreit von dem unseligen Zwang, sich vergleichen zu müssen. Amen.

Vorschläge für das Predigtlied

EG 353,1–4	Jesus nimmt die Sünder an
EG 379	Gott wohnt in einem Lichte

Fürbittengebet

Herr unser Gott,

wir leben von deiner Barmherzigkeit, aber wir vergessen das so leicht und geben der Selbstgerechtigkeit Raum in unseren Herzen. Heuchelei und Überheblichkeit prägen unser Verhalten, auch wenn wir uns das nur selten eingestehen.

Wir bitten dich für die Menschen in unserer Gesellschaft und Kirche, die ausgegrenzt werden, weil sie anders leben, weil sie als Fremde zu uns gekommen sind, weil sie einen anderen Glauben haben. Hilf uns, auf diese Menschen zuzugehen. Hilf uns, Unterschiede und Vielfalt nicht als Bedrohung, sondern als Bereicherung zu verstehen. Hilf uns zu einem Bekenntnis unseres Glaubens, das andere einlädt und nicht abschreckt, das Gemeinschaft und Frieden in unserer Welt ermöglicht, das im Dialog bereit ist, von anderen zu lernen.

Wir bitten dich für unsere Kirche, bewahre uns davor, die eigene Frömmigkeit zum Maßstab zu machen, mit dem wir andere bewerten und verurteilen. Wir leben von deiner Gnade, allein und ohne Unterschied, das verbindet uns, darum bitten wir dich: Stärke unsere Gemeinschaft und Einheit, hilf, dass wir zueinander finden, auch über Konfessionsgrenzen hinweg. Im Namen deines Sohnes Jesu Christi, der mit dir und dem Heiligen Geist lebt und regiert von Ewigkeit zu Ewigkeit. Amen.

Martin Hauger

12. Sonntag nach Trinitatis

Markus 7,31–37

I

Liebe Gemeinde!

„Kannst du nicht hören?!", sagt die Mutter zu dem Kind. „Habt ihr keine Ohren?!", herrscht der Lehrer die Schulklasse an. Dabei sieht doch der Lehrer, dass die Kinder Ohren haben. Sie haben sie im Moment nur wieder einmal sonst wo, aber nicht beim Lernstoff – oder beim Lehrer. Und die Mutter weiß auch ganz genau, dass das Kind hören kann, aber im Moment nicht hören will.

Das mit dem Hören ist immer wieder eine merkwürdige Sache. Schlimmer ist der arme Mensch dran, den seine Freunde in unserer Geschichte zu Jesus bringen. Er hat wohl Ohren, aber kann nicht hören. Er kann es wirklich nicht. Vielleicht von Geburt an. Und weil er nicht hören kann, kann er auch nicht richtig sprechen. Sein Mund kann nur unkontrollierte Laute ausstoßen, so als läge seine Zunge in Fesseln. Was haben sie nicht alles schon versucht, ihn zum Hören zu bringen! Aber da hat kein Arzt helfen können und auch kein Wunderheiler. Und damit ist er ausgeschlossen vom Leben der anderen Menschen. Er kann kein geflüstertes Liebeswort hören und keinen gebrüllten Befehl. Wenn die anderen zur Musik tanzen, steht er ratlos daneben. Wenn sich die anderen über Waldesrauschen oder Vogelgezwitscher freuen, blickt er leer vor sich hin.

Ein Lächeln – ja, das kann er verstehen. Einen freundlichen Blick auch. Aber wenn sie alle lachen, hat er den Verdacht, sie machen sich über ihn lustig. Wenn sie sich unterhalten, ist er außen vor. Wenn sie ihn anfassen, dann meistens nur, um ihn irgendwohin zu bewegen, wohin man einen gesunden Menschen normalerweise mit Worten bewegt. Vielleicht hat ja wenigstens Jesus ein Lächeln für ihn, ein freundliches Streicheln über den Kopf. Manchmal kann das schon viel sein, wenn man weiter nichts tun kann. Das mit dem Hören ist eine merkwürdige Sache.

II

Hören und Sprechen gehören zusammen. Es geht uns doch selber auch oft so: Wir kriegen etwas nicht mit, was ein anderer spricht, obwohl wir Ohren haben und hören können. Manchmal sind wir abgelenkt durch eigene Gedanken. Manchmal aber hat auch der andere undeutlich gesprochen. Manchmal müssen wir uns leider eingestehen, dass die Ohren auch nicht mehr so gut sind, wie sie früher einmal waren. Manchmal muss einer erst regelrecht angeschaltet werden, ein andermal hört derselbe das Gras wachsen und die Flöhe husten.

Es gibt Hören und Hören. Oft reicht das einfache Hören nicht aus. Oft geht es um Hinhören; um das Hören von Einzelheiten, Schattierungen, Zwischen- und Untertönen. Uns begegnen immer wieder Menschen, die große Mühe mit dem Zuhören haben. Aber durch ein eichenes Brett, durch eine meterdicke Wand oder quer über den halben Friedhof hören sie manchmal Dinge, die gar nicht zu ihnen gesprochen sind und die sie auch gar nicht betreffen. Oft genug kriegen sie irgendwas mit und plappern es prompt so weiter, wie sie es verstanden haben.

Uns begegnen immer wieder Menschen, die etwas erzählen, was sie zu hören gemeint haben. Aber weil sie weder Hintergründe noch Zusammenhänge kennen, wird im Weitererzählen eine ganz andere Geschichte draus. Als Kinder spielten wir das schöne Spiel „Stille Post": Der Erste in der Runde flüstert dem Nächsten ein Wort zu. Der flüstert es seinem anderen Nachbarn ins Ohr, der wieder dem Dritten. Und wenn am Ende der Runde der Letzte laut sagt, was er gehört hat, wundert sich der Erste, was aus seinem Wort geworden ist.

Hören und Reden gehören zusammen, fast immer. Es gibt vermutlich viel mehr Menschen, die ganz gut reden können, als Menschen, die ordentlich zuhören können. Hören ist nämlich eine Kunst. Und zum Hören will uns Jesus helfen. Das rechte Hören ist die Voraussetzung für rechtes Reden.

Da kommt ein Mensch vor Jesus. Jesus öffnet ihm mit einem fremdartigen Wort die Ohren und anschließend heilt er auch noch seine Stimmbänder. Dann verbietet er, dass es weitergetratscht werden soll. Aber natürlich spricht sich solch ein Wunder in Windeseile herum. Alle Leute wundern sich. Wir auch.

III

Bevor wir genauer betrachten, was hier eigentlich geschieht, müssen wir erst noch einen Moment innehalten. Haben Sie die Wegbeschreibung vom Anfang des Textes noch im Ohr: „Jesus kam aus dem Gebiet von Tyrus durch Sidon an das Galiläische Meer, mitten in das Gebiet der Zehn Städte." Wenn wir eine Landkarte vor Augen hätten, könnten wir verfolgen, was das für ein riesengroßer Bogen ist: vom nordwestlichen Grenzgebiet Israels über den Norden Galiläas bis an das Ostufer des See Genezareth.

Mit diesem großen Bogen in der Landschaft umreißt Markus noch einmal einen großen Kreis und beendet den ersten Abschnitt seiner Berichte über Jesu Wirken. Der Dienst im galiläischen Norden, samt einer Missionsreise ins heidnische Phönizien, ist abgeschlossen. Jetzt ist der Blick nach Süden gerichtet, nach Jerusalem. Wir können es in den nächsten Kapiteln lesen. Und was in Jerusalem passieren wird, das wird eine ganz andere Geschichte sein: strotzend von unerhörter Ungerechtigkeit und empörendem Ungehorsam mitten im Gottesvolk.

Wer sich nicht von Jesus die Ohren öffnen lässt, der wird nicht begreifen, was da passiert, und nur immer wieder lauter Blödsinn drüber reden. So wie die sensationsgierigen Zuschauer, die ungehorsam sind und das Schweigegebot nicht einhalten können – aber die sind im Moment noch nicht dran.

IV

Jetzt ist erst einmal dieser unglückliche Mensch dran. Er ist keiner von jenen, die gar nicht hören wollen. Er ist irgend so ein Namenloser aus irgend so einem Provinznest in irgend so einem Landstrich, über den die Hauptstädter bloß die Nase rümpfen. Aber der lässt Jesus wenigstens an sich ran. Und das zeichnet ihn vor allen anderen aus. Eigentlich ging es ja nur drum, dass Jesus ihm die Hand auflegen sollte. Mehr kann man ja wohl für solch einen unheilbar Kranken auch nicht tun.

Das ist doch schon mal ganz schön wichtig, dass man einen Menschen mit solch einer schlimmen Behinderung nicht einfach links liegen lässt. Dieser Behinderte hat rührende Freunde. Die versuchen wirklich alles. An Heilung mögen sie vermutlich schon lange nicht mehr glauben. Alles, was man für ihn tun kann: ihn schützen vor bösen Attacken rücksichtsloser Leute. Ihm mit Gesten und Blicken bedeuten, dass er dazugehört. Unsicheren, aber gutwilligen Zeitgenossen muss man manchmal erklären, dass man einem Tauben nicht fluchen und von einem Stummen keine klugen Reden erwarten darf. Da ist es schon viel, wenn einer die Hand liebevoll auflegt, ihn segnet; ihm die Gewissheit gibt: Gott liebt auch einen Menschen, der so benachteiligt ist wie du! Mehr ist nicht zu erwarten. Und mehr erwarten sie wohl auch nicht.

Aber wie gesagt: Mit dem Hören ist das so eine Sache. Könnten wir auch hören, was Jesus hört? Ich gebe zu: Ich könnte es nicht. Jesus hört nämlich eine flehentliche Bitte, die der Taubstumme ja nicht sagen kann; und die die anderen sich nicht zu sagen wagen, weil sie gar zu verwegen ist. Und Jesus spürt die Kraft in sich, diese Bitte zu erfüllen, die sonst niemand erfüllen kann.

V

Zwar hat auch Jesus nicht die Kraft, alles Leid und Elend mit einem Schlag aus der Welt zu wischen. Aber er hat immerhin die Kraft, diesem einen Menschen entscheidend zu helfen. Überlegen wir einmal, wie selten wir dieses bisschen Kraft aufbringen, wenigstens einem zu helfen. Es ist ja auch viel leichter, mit großen Parolen die Verbesserung der ganzen Welt zu fordern, als das Los eines einzigen Menschen zu erleichtern! Und darum nimmt Jesus den Taubstummen beiseite. Er will ja keinen großen Zirkus veranstalten. Er möchte diesem einen Menschen helfen. Und er will auch nicht Reklame laufen; so wie man's heute immer und überall tut und auch von der Kirche verlangt: Tue Gutes und rede drüber! Möglichst soll ja heute die lobpreisende Rede noch gewaltiger sein als das lobenswerte Tun.

Jesus dagegen will nur eines: dieses Häufchen Elend aufrichten. Da stehen sie, mitten unter all diesen Gaffern, die dem großen Meister von Sensation zu Sensation nachlaufen. Und nicht das Geringste in ihrem Leben ändert sich, auch wenn sie hundert Wunder erleben. Darum nimmt ihn Jesus beiseite. Hier geht es nicht um große Schau, hier geht es um einen einzelnen hilflosen Menschen. Abseits von all dieser Menge wird jetzt einer verstehen, was Jesus wirklich will: Glauben an den einen Gott wecken, der tatsächlich helfen kann – in den ausweglosesten Situationen! Gehorsam kommt nämlich von Hören! Darum auch seufzt Jesus bei der Heilung. Er weiß, wie klein selbst seine Kraft ist angesichts des großen Elends in der Welt. Und wohl auch darum verbietet er die Reklame.

VI

Doch die Leute erzählen das Wunder natürlich trotzdem weiter. So was passiert ja wirklich nicht alle Tage: „Und sie wunderten sich über die Maßen und sprachen: Er hat alles wohl gemacht; die Tauben macht er hörend und die Sprachlosen redend."

Sie sehen nur die Außenseite: Nur das Wunder der Heilung. Und sie laufen Reklame für den großen Wundertäter. Blind und taub bleiben sie für das, was hier wirklich geschehen ist: Ein Mensch hat die heilsame Gegenwart Gottes am eigenen Leibe erlebt – so dass sein ganzes Leben von heute an anders wird. Sie zitieren zwar in ihrem Sensationsbericht Worte aus dem Buch des Propheten Jesaja. Und doch haben sie die ganze Wahrheit noch nicht verstanden: Wo Gott kommt und die Herrschaft antritt, wird alles ganz anders sein als in den Kummerlandschaften dieser Welt.

Es geht nicht darum, immer wieder wortreich die Aktivität anderer zur Verbesserung der ganzen Welt zu fordern. Es geht darum, zunächst erst einmal dem Nächsten ganz konkret zu helfen. Denn: wo ein Mensch richtig hören lernt, weil er sich von Jesus die Ohren öffnen lässt; wo ein Mensch richtig reden lernt, weil er sich von Jesus die Zunge lösen lässt; wo wenigstens einem Menschen geholfen wird, dort ist Gottes Reich ganz nahe bei uns. Amen.

Vorschläge für das Predigtlied

EG 302,1–8   Du meine Seele singe

EG 432,1–3   Gott gab uns Atem, damit wir leben

Fürbittengebet

Gott, unser Vater und Helfer, wir danken dir für unsere fünf Sinne.

Wir danken dir, dass wir dein Wort hören und weitersagen können. Wir danken dir für alle guten Worte, die Menschen mit Menschen verbinden. Wir danken dir für die Klänge der Musik und das Rauschen der Wälder.

Wir bitten dich um offene Ohren für dein Wort und für die Worte unserer Mitmenschen. Hilf uns, auch solche Worte zu hören, die nur noch gemurmelt werden, und solche Worte, die sich keiner zu sagen wagt. Lehre uns, unterscheiden zu lernen zwischen leerem Gerede und hilfreichen Worten.

Wir bitten dich um eine befreite Stimme. Hilf uns, das rechte Wort zu finden zur rechten Stunde. Schenke uns Worte, die Wege weisen, wo wir nicht weiterwissen, und Worte, die zurechtfinden helfen, wenn wir uns verlaufen haben. Lehre uns, dort zu schweigen, wo Reden nur Streit stiftet und nicht hilft, Streit zu schlichten.

Wir bitten dich um einen klaren Kopf: dass wir uns nicht verwirren lassen von Verführung und Propaganda. Lehre uns, den Dingen auf den Grund zu gehen, ehe wir Worten trauen.

Wir bitten dich um einen klugen und mutigen Verstand: für alle, die in dieser Welt Macht und Einfluss haben. Öffne ihre Ohren, dass sie auch die Stimmen der Ohnmächtigen hören. Schärfe ihre Sinne, dass sie die Anliegen der wortlos Gemachten vertreten. Hilf ihnen, Worte zu finden, die zu Frieden und Verständigung führen.

Wir danken dir, dass du uns das Ziel deines ewigen Reiches vor Augen stellst: Wo du regierst, wird aller Kummer und alles Leid dieser Welt aufgehoben und geheilt sein. Gib uns Mut und Fantasie, deine Mitarbeiter zu sein, wenn du deine Herrschaft unter uns Menschen aufbaust. Amen.

Friedrich Teubner

13. Sonntag nach Trinitatis

Lukas 10,25–37

Liebe Gemeinde!

Nicht nur die Antwort der Erzählung, auch die Anfangsfrage treibt uns heute noch um: Was muss ich für das ewige Leben tun? Vielleicht noch mehr, wenn wir sie anders formulieren: Was macht in den Augen Gottes ein erfülltes Leben aus? Oder noch genauer: Was muss ich ändern, damit mein Leben von Sinn erfüllt wird? Und die Antwort der Erzählung hat dann vor allem damit zu tun, dass die leibliche, die körperhafte Seite unserer Existenz in den Blick nimmt.

I

Zumutung der Körperlichkeit. Dieser elende Ort zwischen Jericho und Jerusalem liegt auch in unserer Welt. In der Welt der Flüchtlinge, die sich zu Hunderten in einem winzigen Boot drängen. In der Welt der Kranken, deren Körper Schmerz, Angst und Verzweiflung ist. In der Welt der Obdachlosen in den Ecken der Eingänge und Einkaufspassagen, die mit sich und ihrem Körper nicht wissen, wohin. Diese Welt mit dem körperlichen Elend wird schnell zu einer Zumutung. Sie mutet mir schreckliche Bilder von ertrinkenden Frauen und Kindern zu. Sie mutet mir die Nähe von Leiden und Verfall zu. Sie mutet mir den ungewaschenen Gestank menschlichen Elends zu.

In dieser Welt wird die Körperlichkeit zur Zumutung. In dieser Welt fallen Menschen unter die Räuber, werden geschlagen, ausgeraubt und halb totgeprügelt. In dieser Welt sind blutende und eiternde Wunden zu ertragen und leben Menschen im Dreck. In dieser Welt ist man der Körperlichkeit schutzlos ausgesetzt.

Manchmal wird die Grenze zu dieser Welt überschritten. Wenn der Samariter die Wunden versorgt. Wenn Menschen in den Slums von Kalkutta das Elend auf sich nehmen. Wenn Papst Franziskus auf Lampedusa den Flüchtlingen begegnet. Wenn die Türen der Vesperkirchen für hungernde und frierende Menschen geöffnet werden.

II

Blind für das Elend. In einem bekannten Experiment haben amerikanische Forscher die moralische Handlungsbereitschaft bei den Teilnehmern an einem Ethik-Seminar auf die Probe gestellt. Sie bekamen eine Aufgabe zugelost, einen Vortrag entweder über den barmherzigen Samariter oder über ihre beruflichen Ziele vorzubereiten. In einem anderen Gebäude sollten sie ihn beim Versuchsleiter vortragen. Auf dem Weg dorthin kamen sie an einem offensichtlich in seinem Elend hilflosen Menschen vorbei. Ob sie auf ihn reagierten oder ihm gar helfen wollten, das hing nun davon ab, wie sehr sie in Eile versetzt wurden. Je nachdem, ob ihnen gesagt war, dass der Versuchsleiter bereits auf sie warten würde, dass er auch gerade auf dem Weg sei oder dass sie dort noch eine gewisse Zeit auf ihn warten müssten. Diese Unterschiede waren entscheidend für ihre Reaktion, nicht das Thema ihres Vortrags. Auch wer über den barmherzigen Samariter zu sprechen hatte, reagierte nicht erkennbar häufiger, wenn er in Eile war.

Es mag schmerzhaft sein, liebe Gemeinde, sich das einzugestehen. Die Grenzüberschreitung bleibt die Ausnahme. Ich würde mir etwas vormachen, wenn ich mich selbst von diesem Ergebnis ausnehmen wollte. Wie die Seminarteilnehmer eile ich in der Hetze des Lebens am Elend vorbei, ob ich nun den barmherzigen Samariter vor Augen habe oder nicht. Gegen das Elend der Körperlichkeit schotte ich meine Existenz und meinen Blick ab. Es ist nicht einmal nur die Eile, die mich am Morgen auf dem Weg ins Bürogebäude an dem Menschen in seinem körperlichen Elend vorbeigehen lässt, der da am Eingang in der Ecke liegt. Es ist meine ganz und gar grundsätzliche Unfähigkeit, den Schritt tatsächlich zu tun und die unabsehbaren Folgen auf mich zu nehmen. Die Erzählung verstärkt nur das schlechte Gewissen, aber sie führt nicht dahin, dass ich aus der körperlosen Welt hinaustrete, in der wir unser Miteinander eingerichtet haben.

III

Die körperlose Welt. Gegen die Zumutung der Körperlichkeit haben wir uns einen großen Abstand geschaffen. Ich jedenfalls lebe meine Beziehung zu anderen Menschen in einer weitgehend körperlosen Welt. Ich arbeite am Computer. Körperlos. Ich schreibe E-Mails und Kurznachrichten. Körperlos. Ich bewege mich in sozialen Netzwerken. Ich kann mit der ganzen Welt verbunden sein und in Kontakt stehen. Körperlos. Zwischen mir und dem anderen bleibt ein körperloser Abstand.

Natürlich, es gibt auch Körperkontakt, es gibt Berührungen. Aber doch nur in meinem persönlichen Intimbereich. Wehe, wenn dieser Schutzraum durchbrochen wird. Wenn mir jemand zu nahe tritt. Mir um den Hals fällt. Und nicht achtet, dass es die unsichtbare Schranke der Körperlosigkeit gibt.

In dieser körperlosen Welt wird auch diese Erzählung körperlos. Als Antwort auf die Frage nach dem Nächsten lässt sie keine Unterschiede und keine Grenzen mehr gelten. Sie stellt mich zu allen und jedem in die gleiche Nähe. Sie wird zu einem Bild der körperlosen Hinwendung zum Nächsten, die allen und jedem gilt – aber doch niemals ein konkretes Gegenüber hat. Ihre Erfüllung findet sie in der Online-Überweisung an die Hilfsorganisation für Erdbebenopfer oder in der öffentlichen Empörung gegen die Flüchtlingskatastrophe. Aber sie kommt ohne jede Beziehung und Berührung aus. Ihre stärkste Wirkung ist das dauernde schlechte Gewissen. Auch noch die zwei Euro für den Cappuccino müssten eher einem hungernden Kind zugutekommen. Selbst meinen Kaffee kann ich nicht mehr mit einem guten Gewissen trinken. Und ziehe mich doch noch weiter in die Körperlosigkeit zurück.

So jedenfalls kommt die Erzählung vom barmherzigen Samariter nicht zum Zug. So findet die Frage nach dem sinnerfüllten Leben keine wirkliche, keine konkrete Antwort. Denn sie bringt mich nicht in Kontakt mit der leiblichen Seite meines Lebens, mit dem Schmerz, mit der Verletzlichkeit und Angst, aber auch mit der Aggression und der Handlungsfähigkeit.

IV[1]

Der Schmerz. In seinem umstrittenen Film „Fight Club" hat der amerikanische Regisseur David Fincher das Unbehagen an der Leere unserer körperlosen Existenz zum Thema gemacht. Die namenlose Hauptperson erträgt die Leere ihres Lebens nicht mehr. In Selbsthilfegruppen versucht sie, sich den Schmerz der Krebskranken und Depressiven zu eigen zu machen. Aber daraus sind keine echten, keine eigenen Gefühle

---

1   Wer eine geringere Predigtdauer wünscht, kann diesen Abschnitt kürzen.

zu gewinnen. Erst das Zusammentreffen mit einem geheimnisvollen Fremden, der ihn auffordert, ihn zu verprügeln, ändert alles. Mit der Aggression und dem Schmerz spürt der Protagonist seine Lebendigkeit. Aus dieser Erfahrung entsteht der Fight Club, ein geheimer Treff, bei dem einander unbekannte Männer mit den Fäusten aufeinander losgehen, bis Blut fließt und sich der Schmerz einstellt. Bis das Ganze schließlich in einer Gewalt von apokalyptischem Ausmaß explodiert.

Finchers Film ist die Gegenerzählung zum barmherzigen Samariter. Seine Parabel zeigt, wohin es führt, wenn wir den Ausweg aus der Leere und Körperlosigkeit unserer Welt in der Unmittelbarkeit von Gewalt suchen In einer Ästhetik des Schmerzes, die den anderen und schließlich auch mich selbst zum Opfer der Gewalt macht.

V

Göttliches Erbarmen. Von dem Samariter heißt es in der Erzählung, dass er sich des Verletzten erbarmt. Das Wort „erbarmen" bezeichnet eine körperliche Reaktion: Die ganzen Eingeweide ziehen sich im Krampf zusammen, der ganz Mensch krümmt sich im Blick auf das Elend des anderen. In seinem Blick kommt es zu dieser zutiefst menschlichen Regung, in der ich den Schmerz des anderen im eigenen Herzen spüre und erleide.

Dreimal nur spricht das Lukasevangelium von dieser Regung, vom Erbarmen. Jesus erbarmt sich der klagenden Witwe in Nain, die ihren einzigen Sohn zu Grabe trägt. Er erbarmt sich in seiner göttlichen Kraft, dem Jüngling das Leben neu zu schenken. Erbarmen ergreift auch den Vater, als er der Rückkehr seines verloren geglaubten Sohnes ansichtig wird: eben das Bild des göttlichen Vater-Erbarmens im Gleichnis. Und nun eben den Samariter angesichts des Menschen im Dreck am Wegesrand. In diesem Erbarmen spiegelt sich auch das göttliche Erbarmen, das Jesus selbst verkörpert. Mit seiner unbedingten Hinwendung zu den Menschen in ihrer leiblichen Verlorenheit, in ihrem ganzen Elend. Jesus erzählt mit dem Erbarmen des Samariters davon, wie Gott selbst den Weg in die Körperlichkeit der Welt und des Menschen gegangen ist.

Nicht ein Beispiel des Erbarmens erzählt dieses Gleichnis, liebe Gemeinde, sondern das Beispiel des göttlichen Erbarmens überhaupt. Das Beispiel, von dem im

Lobgesang des Zacharias als der herzlichen Barmherzigkeit gesprochen wird, in der das aufgehende Licht aus der Höhe aufscheint. Auch Gott selbst findet die Sinnerfüllung seiner Existenz, indem er sich in die Körperlichkeit von Schmerz und Erbarmen, von Leid und Wunden einlässt.

An diesem Beispiel lernen heißt darum, sich auf die Leiblichkeit der eigenen Existenz einzulassen und nicht fortwährend an ihr vorbeizuleben. Heißt also, zuerst Erbarmen mit mir selbst zu haben. Mit meinem eigenen Schmerz und den eigenen Verletzungen und Begrenzungen. Und darin dann dem anderen nahe zu sein. Oder vielmehr: ihn mir nahe kommen zu lassen. Der Mensch wird ja mein Nächster, der mir nahekommt. Der mir nahekommen darf. Und dem ich dann auch nahekomme, dem ich der Nächste werde. Und ich ihm wie er mir die Erfahrung des göttlichen Erbarmens werden kann. Amen.

Vorschläge für das Predigtlied

EG 420,1–5   Brich mit den Hungrigen dein Brot

EG 355   Mir ist Erbarmung widerfahren

Fürbittengebet

[Liturg(in):] Lasst uns miteinander und für die Welt beten.

Ewiger Gott, du Quelle des Lebens, wir bitten für die Menschen, die unter Gewalt und Unterdrückung leiden, die in Angst und Unfrieden leben müssen, denen nach dem Leben getrachtet wird, im Großen und im Kleinen, für die, die Opfer sind von Hass, Krieg und Terror, und rufen zu dir:

[Liturg(in) und Gemeinde:] Erbarme dich, Gott.

[Liturg(in):] Wir bitten für Menschen, die sich auf der Flucht vor Krieg und Gewalt befinden, die ihre Angehörigen verloren haben und ihre Heimat, für die Kinder, deren Leben schon zerstört ist, bevor es begonnen hat, die nichts anderes lernen als Hass und Gewalt, und rufen zu dir:

[Liturg(in) und Gemeinde:] Erbarme dich, Gott.

[Liturg(in):] Wir bitten dich für die Menschen, die nicht kleinzukriegen sind, die verantwortlich leben wollen und sich einsetzen für Gerechtigkeit und Frieden, die wissen, was es heißt, gegen Vorurteile und Diskriminierung anzugehen, gegen Unverständnis und Dummheit. Und die müde geworden sind, von den Mauern, gegen die sie anrennen, und von den Steinen, die ihnen in den Weg geworfen werden. Wir rufen zu dir:

[Liturg(in) und Gemeinde:] Erbarme dich, Gott.

[Liturg(in):] Wir bitten dich für unsere Gemeinden, dass sie Orte des Friedens werden und der Versöhnung, dass sie sich öffnen dem Geist der Menschlichkeit Jesu. Dass sie Räume eines Erbarmens werden, das dem Schmerz und der Verletzlichkeit des Leibes Schutz und Halt bietet, Oasen der Leiblichkeit in der Wüste unserer sterilen Welt. Wir rufen zu dir:

[Liturg(in) und Gemeinde:] Erbarme dich, Gott.

[Liturg(in):] Herr, lenke du unsere Schritte auf den Weg des Friedens durch Christus, unseren Herrn. Amen.

Georg Lämmlin

14. Sonntag nach Trinitatis

Lukas 17,11–19

Liebe Gemeinde!

Am Ende seines Lebens erzählt einer der neun geheilten Männer seinen Enkeln, abends an einem Erntefeuer sitzend, vom wichtigsten Moment seines Lebens: „Wisst ihr", sagt er, „jetzt, wo ich alt bin und auf mein Leben zurückblicke, begreife ich erst, was damals passiert ist. Wir waren ja als Gruppe aussätziger Männer aufgebrochen, um diesen Rabbi Jesus zu suchen. Man erzählte sich von ihm, er sei ein Wundertäter und Heiler. Wir wollten unser Leben wieder in die Hand nehmen, wir wollten aufbrechen und nach einem Ausweg aus der Misere suchen. Wir hatten auch schon andere um Hilfe gebeten, aber mehr als ein Almosen war nie dabei herausgekommen; oft wurden wir verjagt und noch öfter einfach ignoriert, wir waren Ausgestoßene, lebende Tote. Aber dieser Rabbi Jesus – er hörte, was wir riefen, und dann sah er uns an. Ziemlich lange blickte er in unsere Richtung. Und ich weiß noch, dass ich dachte, der nimmt das wirklich ernst mit der Barmherzigkeit, um die wir ihn gebeten haben. Es gab diesen Moment der Ruhe, einige Herzschläge lang. Es gab seine aufmerksamen Augen, ein Blick voller Sorgfalt und Verständnis. Und dann sagte er: ‚Geht zu den Priestern und lasst euch begutachten.' Mehr hörte ich nicht. Mehr hat er auch nicht gesagt. Wir gingen los, uns im Tempel begutachten zu lassen. Die Priester konnten uns für gesund erklären. Wir waren eigentlich überrascht, wir schauten uns an und dachten: ‚Es hat sich gelohnt diesen Mann zu suchen und ihm zu vertrauen, er hatte tatsächlich heilende Kräfte.'

Da war übrigens noch ein Fremder, ein Samariter, der war gar nicht mitgekommen, der ist vielleicht zu seinem Tempel gegangen, um sich begutachten zu lassen. Den haben wir nicht mehr wiedergesehen. Ich tauchte sofort ein in mein altes Leben. Es gab viel zu arbeiten, die Familie wurde größer, das Leben verging. Heute habe ich Zeit und Ruhe zurückzublicken und nachzudenken. Ich glaube, da ist etwas offengeblieben damals. Den Blick des Rabbis auf der staubigen Straße, den vergesse ich nicht.

Er ist immer noch lebendig in meiner Erinnerung, manchmal wünsche ich mir, ich wäre noch einmal aufgebrochen und hätte ihn gesucht nach meiner Heilung. Ich hätte gerne mehr über ihn erfahren. Nun weiß ich nur, dass die Römer ihn hingerichtet haben, einige Zeit später. Seine Augen, die vergesse ich nicht …"

Auch Jesus hat sich gefragt, wo die neun Männer geblieben sind. Ihnen wurde geholfen, aber sie haben eigentlich nicht verstanden, was mit ihnen passierte. Es fehlte ihnen die wichtigste Dimension des Geschehens, sie haben nicht versucht, ihrer Heilung einen Sinn zu geben. Sie waren in Alltagsaktivitäten verwickelt, sowie sie ihr altes Leben vor der Krankheit wieder aufnehmen konnten. Sie haben ein Wunder einfach hingenommen, an sich erlebt, ohne sich in ihrem Weltbild und Selbstverständnis stören zu lassen. Und ihre Welt bestand nur aus Arbeit, Sorge, Aktivität und zielgerichteten Wünschen und Träumen.

So stelle ich mir diese neun Geheilten vor. Wir wissen ja nichts weiter über sie. So ist es folgerichtig, dass auch Jesus sie vermisst und sich Gedanken macht über die fehlende Dimension in ihrem Leben. Heilung ist nicht nur körperliche Instandsetzung und die Inanspruchnahme der richtigen Mittel zum richtigen Zweck. Jesus, der Mann, der Wunder tun konnte, der Menschen Heilung gewährt hat, wusste, dass ohne das Heil Gottes die Heilung ihre volle Bedeutung im Leben dieser Menschen nicht entfalten kann. Und so fehlen ihm die neun Männer. Wo sind sie geblieben, wie mag es ihnen ergangen sein?

Diese Frage bleibt offen am Ende der Geschichte am Wegesrand zwischen Galiläa und Samaria. Aber da ist ja noch der andere, der zehnte Mann. Ein Samariter, ein Fremder mit obskurem Glauben, ein nicht Akzeptierter von der anderen Seite der Grenze. Es scheint so, als ob er gar nicht bis zu einem Priester gegangen ist, um sich gesund erklären zu lassen. Als er an sich bemerkt, dass Jesus ihm die Heilung mit einem Blick voller Gnade und Barmherzigkeit geschenkt hat, zieht es ihn sofort zurück zu ihm. Er will das mit Jesus teilen, was er als Ursache des Ganzen erkennt. Der Samariter dankt Gott mit lauter, gesunder, kräftiger Stimme. Seine Gesundheit ist für ihn ein Heilszeichen. Seine reine, geheilte, unversehrte Haut ist für ihn wie ein Kleid des Heils – es ist, als ob er sein Leben jetzt neu und anders verstehen kann. Und nicht nur sein Leben, sondern als ob er Gott anders, besser und genauer kennt. Und so ist es ja auch.

Liebe Gemeinde, Jesus schenkt Heilung, um dem Heil Ausdruck zu verleihen. Man missversteht seine Wunder und seine enttäuschte Reaktion in der Geschichte von den neun gedankenlosen Männern, wenn man ihm unterstellt, er sei auf höfliches und frommes Wohlverhalten aus. Es ist nicht so wie mit dem mürrischen Kind, das viele von uns vielleicht auch einmal waren, das mit strenger Stimme aufgefordert wurde: „Nun sag aber mal schön Danke!"

Jesus möchte vielmehr, dass Heil und Glaube im Leben von Menschen in eine heilsame Wechselwirkung treten. Da entwickelt sich dann Aufmerksamkeit, übrigens zunächst auf sich selbst, wie wir an dem Samariter sehen können. Er merkt: „Hier bin ich wieder mehr ich selbst, meine Krankheit hat mich nicht länger im Griff. Gott hat sich meiner angenommen, er ist auf mich aufmerksam geworden." Der Beginn von Glaube und Heil in einem Leben kann mit Aufmerksamkeit auf sich selbst und auf andere verbunden sein. Und Heil bedeutet immer, dass man sich seiner selbst sicherer wird und wahrnimmt, wie aufmerksam Gott auf uns achtet.

Auch der geheilte Samariter erzählt also am Erntefeuer die wichtigste Geschichte seines Lebens. Er malt ihnen aus, wie es war, als er von Jesus gesegnet wurde: *Steh auf, geh hin, dein Glaube hat dir geholfen!* „Mit diesen Worten", so gibt er seinen Enkelinnen und Enkeln mit auf den Weg, „kann man sein Leben und sich selbst besser verstehen. Ich wusste damals ja gar nicht, wer mir da geholfen hat. Ich habe ihn da erst kennengelernt. Durch ihn ist mir klargeworden, dass Gott wirklich an meinem Leben Interesse hat. Mir ist klargeworden, was Gott mir zutraut. Und ich habe erfahren, was ich Gott zutrauen kann. So bin ich in ein neues Leben aufgebrochen. In mir war Vertrauen in Gott, in mir wuchs der Glaube, den Jesus mir zugesprochen hat. Ich habe ihn ein Leben lang immer wieder in mir gefunden und er hat mir geholfen, mein Leben zu verstehen und in Blick auf Gott zu gestalten."

Eine Wundergeschichte am Wegesrand, im staubigen Grenzgebiet zwischen Samarien und Galiläa. Fast wie im Vorbeigehen wird sie uns überliefert und erzählt in einer sehr knappen Form. Zehn kranke, ausgestoßene Männer, zehn wunderbare Heilungen. Neun Männer verschwinden in ihr altes Leben, einer geht hin und hütet den Schatz des Glaubens in seinem Leben von diesem Moment an.

Und Jesus macht sich auf nach Jerusalem und nimmt sein Kreuz auf sich und trägt es für uns: Steht auf und geht weiter, euer Glaube wird euch helfen! Amen.

Vorschläge für das Predigtlied

EG 325, 1.5.7+10   Sollt ich meinem Gott nicht singen

EG 383   Herr, du hast mich angerührt

Fürbittengebet [mit Gebetsruf EG 789.5]

[Liturg(in):] Jesus Christus, Bruder und Herr,

ohne dich verirren wir uns auf den Wegen unseres Lebens. Wir bitten dich: Lenke uns mit deinem Segen in die richtige Richtung.

[Liturg(in) und Gemeinde:] *Oculi nostri ad Dominum Deum.*

[Liturg(in):] Ohne dich, Herr Jesus Christus, bleibt die Welt erstarrt in Angst, Aggression und Schuld. Wir bitten dich: Heile die Wunden, löse die Starre, stifte Vertrauen, schaffe Frieden.

[Liturg(in) und Gemeinde:] *Oculi nostri ad Dominum Deum.*

[Liturg(in):] Ohne dich, Herr Jesus Christus, nimmt der Tod uns die Hoffnung und Verzweiflung beherrscht uns. Wir bitten dich: Bleibe bei uns, segne unseren Abschied, wecke die Hoffnung auf dein Licht.

[Liturg(in) und Gemeinde:] *Oculi nostri ad Dominum Deum.*

[Liturg(in):] Ohne dich, Herr, können wir nichts tun. Darum nimm uns mit in dein Gebet:

Vater unser

Wiebke Köhler

15. Sonntag nach Trinitatis

Matthäus 6,25–34

I

Liebe Gemeinde!

Wie soll das denn gehen: „Sorgt euch nicht um euer Leben"? Dass heute Mittag wieder Essen auf dem Tisch steht, wir ein Dach über dem Kopf haben, die Kinder morgen früh wieder ordentlich angezogen in die Schule gehen können: Darum müssen wir uns doch kümmern. Menschen brauchen unsere Fürsorge. Ärztinnen und Pfleger sorgen für unsere Gesundheit. Wie sähe unser Leben ohne die aus, die sich um die Wasser- und Energieversorgung kümmern, und die, die dafür sorgen, dass die Regale im Supermarkt voll sind? Unser Leben ist ein Geflecht von Vorsorge und Fürsorge, damit die Versorgung aller gelingt. Sich nicht zu sorgen, das wäre naiv, unverantwortlich. Was meinst du, Jesus, mit deinen Worten: „Sorgt nicht um euer Leben, was ihr essen und trinken werdet, auch nicht um euren Leib, was ihr anziehen werdet"?

II

Es muss wohl ein wunderbarer Frühlingstag gewesen sein, als er damals redete. Im Frühling sind die Hügel Galiläas ein einziges Meer aus roten Anemonen. Eine wunderbare, verschwenderische Fülle wogenden Rots bis zum Horizont.

Das ist doch in jedem Jahr ein Wahnsinn mit dem Frühling – auch bei uns. Erst die Magnolien, dann die Narzissen, Tulpen. Und dann stehen die Kirschbäume und Apfelbäume wie riesige Blumensträuße auf den Wiesen. Was für eine verschwenderische Farbenpracht. Und darüber, dazwischen hüpfen und zwitschern die Vögel und fliegen die waghalsigsten Figuren. „Schaut euch das doch an", sagt Jesus. „Wenn Gott der Natur so viel verschwenderische Schönheit schenkt, dann wird er sich doch auch um seine Menschen kümmern. Also: Sorg dich nicht um dein Leben, was du essen, trinken, was du anziehen wirst … Du bist doch mehr als eine

Blume, mehr als ein Vogel. Wenn Gott denen solche Schönheit schenkt und sich um sie sorgt, wie sollte er dich dann im Stich lassen?"

Fürsorge und Vorsorge sind gut. Aber es gibt eben auch noch ihre graue Schwester: die Sorge. Die sitzt uns im Nacken und fragt: „Ist es wirklich genug? Ist nicht doch noch etwas zu tun, zu bedenken? Reicht das alles aus, um mein Leben und das Leben der Menschen zu sichern, die uns anvertraut sind?"

Gegen den Grauschleier der Sorge malt Jesus uns die verschwenderische Farbenpracht der Natur vor Augen. Aber das Bild, das er malt, ist kein Kitsch. Jesus ist kein romantischer Schwärmer. Er weiß: Die leuchtend roten Anemonen verwelken und dienen am Ende als Brennstoff. Und nicht nur die Vögel, auch wir sind zerbrechliche und sterbliche Geschöpfe. Aber das ist für Jesus kein Gegenargument. Ganz im Gegenteil: Eben weil wir zerbrechliche und sterbliche Geschöpfe sind, haben wir unser Leben nie im Griff. So viel wir auch sorgen, wir können unser Leben nicht gegen den Tod absichern. Das mit dem Tod ist eben so.

Das heißt ja nicht, dass man achselzuckend alles einfach laufen lässt und sich um nichts kümmert. Aber es heißt für mich: Ich kann gelassener leben. Von Jesus lerne ich: Du bist mehr als die schönen Blumen, mehr als alle Vögel. Der Schöpfer des Himmels und der Erde schenkt dir dein Leben, begleitet dich und lässt dich nicht los – auch nicht im Tod. Weil Gott mich nicht loslässt, kann ich tun, was ich kann. Für heute sorgen und für die, die mir anvertraut sind und die mich brauchen. Aber die Sorge für morgen und übermorgen, die Sorge um das, was nicht in meiner Macht liegt, kann ich loslassen und Gott überlassen.

Die Vögel und die Blumen werden mir zum Gleichnis für ein gelassenes Leben. Du bist doch mehr als die schönen Blumen, mehr als alle Vögel, sagt Jesus. Du bist ein Menschenkind Gottes. Der wird dich nicht loslassen. Darum kannst du einen gut Teil deiner Sorgen loslassen. Diese Sorglosigkeit um die Zukunft gönnt dir Gott.

III

Trotzdem: Es gibt ein paar Dinge, über die du dir gemeinsam mit deinem himmlischen Vater Gedanken machen solltest. Es gibt durchaus berechtigte Sorgen. Berechtigt sind die Sorgen darum, was Gott mit dir und seiner Welt vorhat. „Trachtet zuerst nach dem Reich Gottes und nach seiner Gerechtigkeit", sagt Jesus.

Will uns Jesus damit den Spaß am Leben verderben? Ich glaube nicht, dass es ihm darum geht, dass wir enthaltsam und mit großer Bescheidenheit durchs Leben gehen. Jesus war gerne auf Hochzeiten und feierte mit. Das Kleid, das er trug, war ein handwerkliches Meisterstück, um das sich die Soldaten gestritten haben.

Es geht Jesus nicht um ein bisschen mehr Bescheidenheit. Wir dürfen und sollen das Leben genießen. Aber der Sinn des Lebens kann es doch nicht sein, sich den ganzen Tag damit zu beschäftigen, was es als Nächstes Tolles zu Essen gibt, welche schicken Klamotten mir noch fehlen, wie ich noch schöner wohnen und einen noch sensationelleren Urlaub machen könnte. Das Leben ist doch mehr als ein lebenslängliches Suchen nach Lebensmitteln.

Sei nicht kleingläubig. Denk über den kleinen Horizont deines täglichen Lebens und seiner Bedürfnisse hinaus. Mach dich und dein Leben nicht klein. Dein Leben ist mehr, sagt Jesus. Du bist mehr. Als sein Kind hat Gott dich berufen mitzuweinen, mitzulachen, mitzuhelfen in dieser Welt, wo du kannst. Übernimm dich nicht. Überschätze deine Kräfte nicht. Aber mach dich auch nicht kleiner, als du bist. Du musst nicht zig Millionen Hungernde sättigen, aber hilf mit deinem Geld mit, dass ein paar Kinder mehr in Afrika zur Schule gehen können oder ein Dorf mehr einen Zugang zu gesundem Wasser bekommt. Engagier dich für Gottes geliebte Welt. Der, der die Blumen und die Vögel und auch dich so wunderbar geschaffen hat, will, dass du mitwirkst an seiner Fürsorge für die Menschen und für das Leben auf dieser Erde. Sie sind doch auch „mehr", mehr wert: mehr Fürsorge, mehr Chancen, sich zu entfalten.

IV

Ich glaube, wir sollten dieses „Sorgt nicht um euer Leben …" nicht nur für unser persönliches Leben hören. Wir sollten das auch als Kirche hören. Wir machen uns ja auch Sorgen, um uns, um unsere Kirche: dass so viele die Kirche verlassen; dass wir scheinbar keine Sprache mehr dafür finden, was uns am Glauben wichtig ist. Was könnte es da für uns Christinnen und Christen bedeuten, unsere Sorge um die Zukunft der Kirche aus der Hand zu legen und nach dem Reich Gottes und seiner Gerechtigkeit zu trachten?

Vielleicht wäre das ein gangbarer Weg. Wir könnten uns neu fragen: Was „bedeutet" unsere Gemeinde für den Ort, in dem wir leben? Was würde fehlen, wenn wir Christinnen und Christen nicht mehr da wären? Inwiefern tun wir denen gut, die hier leben? Und wo arbeiten wir daran mit, was Gott hier tun will? Unsere Gemeinden sind doch Stützpunkte der Liebe Gottes. Da fragt einer nach dem Ergehen des anderen. Echtes Interesse und Anteilnahme wird gelebt. Es wird füreinander gebetet. Da können Menschen erleben: Das Evangelium, das wir dort hören, und die gelebte Gemeinschaft in der Gemeinde sind gut und tun gut.

Wie lassen wir das die Menschen spüren? Wir könnten uns zum Beispiel die Frage stellen: Wer braucht in unserer Straße unsere Hilfe? Vielleicht Marco? Der tut sich schwer in der Schule. Wer hilft Marco bei den Hausaufgaben? Wer schaut nach dem älteren Ehepaar von gegenüber? Der 76-jährige Mann ist manchmal am Ende seiner Kraft. Er will seine demente Frau nicht ins Heim geben. Wer setzt sich an einem Nachmittag in der Woche hin und spielt „Mensch-ärgere-dich-nicht" mit ihr, damit er sich erholen kann?

Zuerst fragen, wie wir Christinnen und Christen und unsere Gemeinden denen guttun, die hier leben. Dann mitarbeiten an dem, was Gott hier tun will. Das ist ein Blick weg von der Sorge auf den morgigen Tag hin zum Trachten nach Gottes Reich.

V

„Sorgt euch nicht um euer Leben." Ihr habt doch einen Vater im Himmel. Er sorgt für euch. Vertraut ihm doch als seine Kinder und lasst euch nicht verrückt machen von euren Sorgen um das tägliche Leben. „Seht die Vögel unter dem Himmel an: Sie säen nicht, sie ernten nicht, sie sammeln nicht in die Scheunen; und euer himmlischer Vater ernährt sie doch. Seid ihr denn nicht viel mehr wert als sie?" Das ist keineswegs eine Aufforderung, die Hände in den Schoß zu legen. Vögel gehen ja auch auf Futtersuche, bauen Nester, kümmern sich um ihre Jungen. „Sorgt nicht!" Das ist eine Aufforderung zum Vertrauen. „Sorgt nicht, denn Gott sorgt für euch." Amen.

Vorschläge für das Predigtlied

EG 427,1–5   So lang es Menschen gibt auf Erden

EG 503,1–3.8.13–15 Geh aus, mein Herz, und suche Freud

Fürbittengebet

Deine Kinder sind wir, Gott. Du sorgst für unser Leben. Was uns auf dem Herzen liegt und uns Sorgen macht, das vertrauen wir dir an.

Wir bitten dich für die, die nicht wissen, wie sie die Anforderungen des Tages bewältigen sollen. Lass sie erkennen: Du sorgst für sie.

Wir bitten dich für die, die am Ende ihrer Kraft sind. Lass sie erfahren: Du sorgst für sie.

Wir bitten dich für die, die sich überfordern. Lass sie in dir zur Ruhe kommen.

Mit unseren kleinen und großen Sorgen kommen wir zu dir und auch mit den Menschen, um die wir uns Sorgen machen und nennen sie dir in der Stille:

[Stille]

Wir bitten dich: Sorge du für sie.

Und wenn wir selbst nicht loskommen von unseren Sorgen, dann öffne uns immer wieder unsere Augen und Herzen für die Blumen und die Vögel. Erinnere uns daran: Du bist unser Vater. Zu dir können wir kommen und beten:

Vater unser

Rainer Heimburger

16. Sonntag nach Trinitatis

Johannes 11,1.3.17–27.41–45

Die Zwischenüberschriften gliedern den Text, werden aber nicht vorgelesen.

[1. Die Geschichte von Lazarus und andere Märchen?]

Liebe Gemeinde!

Und wenn sie nicht gestorben sind, dann leben sie noch heute. So könnte diese Geschichte von Lazarus, Marta und Maria enden. Wie ein Märchen. Und wenn sie nicht gestorben sind, dann leben sie noch heute. Mehr ist nicht zu sagen. Denn über das weitere Geschick des Lazarus erfahren wir, die Leserinnen und Leser des Johannes-Evangeliums nichts mehr. Auch über seine Schwestern können wir nichts mehr lesen.

Warum wird dann diese Geschichte von Johannes so ausführlich erzählt? Gerade anziehend ist das Bild eines vermummten Toten ja nicht. Das zeigen auch die Bilder vom auferweckten Lazarus in der Kunstgeschichte. Wozu diese Geschichte im Gottesdienst verlesen und in der Predigt ins Leben zurückholen? Die gerümpfte Nase vieler Konfis bei dem Gedanken an den Leichengeruch, der auch auf vielen Bildern der Vergangenheit festgehalten ist, ist ja nichts Glaubensstärkendes. Zombiegeschichten in der Kirche? Warum und wozu also?

[2. Relektüre des biblischen Textes]

Liebe Gemeinde, da lohnt es sich, die Auferweckung des Lazarus noch einmal genauer anzuschauen. Ich lese die Verse 41 bis 45 nochmals:

> Da hoben sie den Stein weg. Jesus aber hob seine Augen auf und sprach: Vater, ich danke dir, dass du mich erhört hast. Ich weiß, dass du mich allezeit hörst; aber um des Volkes willen, das umhersteht, sage ich's, damit sie glauben, dass du mich gesandt hast. Als er das gesagt hatte, rief er mit lauter Stimme: Lazarus, komm heraus! Und der Verstorbene kam heraus, gebunden mit Grabtüchern an

Füßen und Händen, und sein Gesicht war verhüllt mit einem Schweißtuch. Jesus spricht zu ihnen: Löst die Binden und lasst ihn gehen! Viele nun von den Juden, die zu Maria gekommen waren und sahen, was Jesus tat, glaubten an ihn.

Scheinbar gleicht sich so vieles – bei der Auferweckung des Lazarus und bei der Auferweckung Jesu an Ostern. Der Stein vor dem Grab, Schweißtuch, Binden. Gleich und doch ganz anders. Die Inszenierung der Auferweckung des Lazarus ist ganz anders. Die Unterschiede sind groß, wenngleich manche Requisiten bei beiden Szenen verwendet werden. Und mit der genauen Beschreibung der Unterschiede kommen wir auch dem Warum und Wozu der Geschichte auf die Spur. Denn im Detail steckt in diesem Fall nicht der Teufel. Nein, hier steckt im Detail Gott.

[3. Im Detail steckt Gott]

Der erste Unterschied ist der Tod des Lazarus. Ein bisschen wirkt es in der Geschichte, als wäre der Tod des Lazarus nur ein dummer Unfall. Wenn Jesus da gewesen wäre, wäre das alles nicht passiert. Bei Jesus war das schon anders. Da war es von langer Hand geplant, beabsichtigt. Der Jesus muss weg, so heißt es in dem christlichen Musical Ave Eva über den Tod Jesu. Bei Lazarus trauern alle.

Doch ein interessantes Detail ist die Lage des Steins, der das Grab verschloss. Während bei Jesu Auferweckung der Stein bereits vom Grabeingang weggerollt ist, müssen ihn hier Menschen auf die Anweisung Jesu wegheben. Das Wort „wegheben" ist von Johannes bewusst ausgesucht, denn sofort danach hebt Jesus seine Augen auf zum Himmel. Dieses Verb aufheben ist im Griechischen identisch. Im Gebet Jesu zu seinem Vater, zu dem er aufblickt, wird deutlich, dass Gott Vater den Lazarus auferweckt. Jesus dankt ihm dafür, noch bevor der Tote am Grabeingang erscheint. Jesus, der Repräsentant des Lebens in Gott.

Statt schlafender Soldaten am Ostermorgen gibt es hier jetzt viele Zuschauer. Viele Freundinnen und Freunde, Juden wie Jesus und Maria und Marta und Lazarus, sind gekommen, um die beiden Schwestern zu trösten. Alle sind sie jetzt mit Jesus am Grab, alle erleben sie es live mit. Und der Tote ist auch noch da, Lazarus – mitten im Grab. Er ist nicht so wie Jesus am Ostermorgen einfach verschwunden. Nein, er trägt auch noch alle Binden und das Schweißtuch am Leib, am toten Körper. Nichts ist mit schön zusammengefalteten Binden und Tüchern im Grab. Lazarus ist tot – richtig tot. Nach vier Tagen kommt Jesus einfach zu spät. Nach jüdischem Glauben ist jetzt nichts mehr zu machen. Tot ist tot, gestorben bleibt gestorben.

[4. Wenn es doch nur so einfach wäre …]

Liebe Gemeinde! Schön wär's, wenn es immer so einfach, so klar wäre. Hier Leben – da Tod. Und nach dem Tod ist alles aus. Das wünschen sich viele Menschen heute. Denn dann kann ich ganz im Hier und Jetzt leben. Ich kann mir den Sinn im Leben selbst stiften. Ich brauche keinen Gott. Ich brauche keine Hoffnung über den Tod hinaus. Hauptsache, ich lebe hier auf Erden gut – für die Familie, für die Kunst, für den Konsum, für die Arbeit, für den Sport. Möglichst lange, möglichst gesund – ich will alt werden, aber nicht alt sein. Und wenn es dann zum Ende geht, dann bitte schnell, schmerzlos und ohne großen Aufwand. Bitte keinen Umstand wegen meines Sterbens: anonyme Bestattung ist in.

Natürlich, liebe Gemeinde, ist das besonders pointiert formuliert. Natürlich spitze ich manche Aussage da zu. Doch der Fortgang der Geschichte bei Johannes zeigt, dass ich es gar nicht zugespitzt genug erzählen kann. Die Antwort folgt prompt. Zwei Verse nach unserem Predigttext gibt in Jerusalem der Hohe Rat seine Antwort auf die Auferweckung des Lazarus durch Jesus. Für diese Ungeheuerlichkeit wollen die Mächtigen Jesus töten. Wer Tote auferweckt, muss selbst sterben. Denn wer die Hoffnung auf ein Leben nach dem Tod hat, der ist nicht so leicht beherrschbar. Der und die lassen sich nicht von den Mächtigen erschrecken und unterdrücken.

[5. Warum wir diese Geschichte erzählen sollen]

Damit ist nun auch klar, warum und wozu diese Geschichte von Johannes erzählt wurde. Nun ist auch klar, warum und wozu wir diese Geschichte in unseren Gottesdiensten verlesen und bedenken müssen. Es geht um die zentrale Aussage unseres christlichen Glaubens. *„Jesus spricht zu ihr: Ich bin die Auferstehung und das Leben. Wer an mich glaubt, der wird leben, auch wenn er stirbt; und wer da lebt und glaubt an mich, der wird nimmermehr sterben. Glaubst du das? Sie spricht zu ihm: Ja, Herr, ich glaube, dass du der Christus bist, der Sohn Gottes, der in die Welt gekommen ist.“*

Die Geschichte von der Auferweckung des Lazarus ist nicht einfach eine Wundergeschichte wie die vielen anderen Wundergeschichten – von Heilungen bis zu Speisewundern. Diese Geschichte ist der erste Höhepunkt im Evangelium des Johannes – und das aus gutem Grunde. Denn die Auferweckung des Lazarus geschieht nicht einfach hier in meinem Leben und verändert es für eine kürzere oder längere Zeit. Ich werde nicht nur gesund – bis zur nächsten Krankheit. Ich werde nicht nur satt – bis zum nächsten Hunger. Diese Geschichte stellt meine Angst vor dem Tod und meine Hoffnung auf Gott in einen größeren Horizont – in den Horizont von Gottes Reich.

Mit Jesus Christus hat der physische Tod keine bleibende Bedeutung mehr für mich und für dich. In der Auferweckung Jesu durch Gott ist der Aufstand gegen den Tod erfolgreich, und zwar dauerhaft. Nur in der Überwindung des Todes durch diesen Aufstand Christi entsteht wirkliches, dauerhaftes Leben. Ich kann es auch so sagen: Jetzt am Anfang des Weges Jesu zum Kreuz, kurz vor den Mauern Jerusalems steht Jesus mit seiner Person für das uns verheißene Leben ein. *„Jesus spricht zu ihr: Ich bin die Auferstehung und das Leben. Wer an mich glaubt, der wird leben, auch wenn er stirbt; und wer da lebt und glaubt an mich, der wird nimmermehr sterben. Glaubst du das?*

[6. Was mich das angeht]

In der Frage an Marta bin auch ich, bist auch du gefragt: Glaubst du das? Ja, möchte ich antworten. Ja, ich glaube dem Lebensspender Jesus, der auf dem Weg in seinen Tod am Kreuz ist. Ja, ich glaube, dass Jesus die Auferstehung und das Leben ist. Natürlich fällt es mir schwer, das so frei zu sagen, so überzeugt zu bekennen. Und das ist ja auch das Gegenteil von der Situation der Marta. Auch hier lohnt es sich, noch einmal den Text aufmerksam wieder zu lesen.

Als Marta nun hörte, dass Jesus kommt, geht sie ihm entgegen; Maria aber blieb daheim sitzen. Da sprach Marta zu Jesus: Herr, wärst du hier gewesen, mein Bruder wäre nicht gestorben. Aber auch jetzt weiß ich: Was du bittest von Gott, das wird dir Gott geben. Jesus spricht zu ihr: Dein Bruder wird auferstehen. Marta spricht zu ihm: Ich weiß wohl, dass er auferstehen wird – bei der Auferstehung am Jüngsten Tage. Jesus spricht zu ihr: Ich bin die Auferstehung und das Leben. Wer an mich glaubt, der wird leben, auch wenn er stirbt; und wer da lebt und glaubt an mich, der wird nimmermehr sterben. Glaubst du das? Sie spricht zu ihm: Ja, Herr, ich glaube, dass du der Christus bist, der Sohn Gottes, der in die Welt gekommen ist.

Marta glaubt an die Auferstehung der Toten am Jüngsten Tage. Das fällt ihr leichter, als an die sofortige Auferstehung ihres Bruders zu glauben. Angesichts der vier Tage und des Grabes kann sie sich ihren Bruder lebendig nicht mehr vorstellen. Da muss Jesus schon in aller Vollmacht, mit Gottes Kraft und Geist zu ihr sprechen. Und er stellt die Frage: Glaubst du das? Darauf kann Marta antworten. *Ja, Herr, ich glaube, dass du der Christus bist, der Sohn Gottes, der in die Welt gekommen ist.* Sie bekennt ihren Glauben.

[7. Die Pointe kommt zuletzt]

Liebe Gemeinde! Indem ich dieses Bekenntnis spreche, spüre ich auch die Pointe der Geschichte. Es ist eine klasse Pointe, die die Auferweckung des Lazarus für mich und dich bereithält. In dieser Geschichte ist Jesus noch nicht gestorben, Jesus ist noch nicht auferweckt – und dennoch: Er schlägt bereits vor Karfreitag und Ostern dem Tod ein Schnippchen. Jesus weckt mit Gottes Kraft Lazarus von den Toten auf – damit sagt er dem Tod schon mit einem Lächeln: Dein Ende ist bald gekommen.

Jesus ist nahe an Jerusalem, Jesus ist kurz vor dem Pessachfest, Jesus ist kurz vor dem Tod am Kreuz – und der Tod ist schon kurz vor seinem Ende. Diese Geschichte der Auferweckung dreht schon alles um – noch vor dem Tod Jesu, noch vor der Auferstehung Christi. *„Jesus spricht: Ich bin die Auferstehung und das Leben. Wer an mich glaubt, der wird leben, auch wenn er stirbt; und wer da lebt und glaubt an mich, der wird nimmermehr sterben."* Das, liebe Gemeinde, ist die Mitte des Evangeliums, das ist der Kern meines Bekenntnisses zum lebendigen Gott.

Deshalb lautet der Schlussvers für diese Predigt auch nicht: Und wenn sie nicht gestorben sind, dann leben sie noch heute. Sondern für uns Christen und Christinnen heißt der Schlusssatz der guten Nachricht: Und auch wenn sie gestorben sind, so leben sie noch heute. Gott sei Dank. Amen.

Vorschläge für das Predigtlied

EG 111,1–4   Frühmorgens, da die Sonn aufgeht

EG 285   Das ist ein köstlich Ding, dem Herren danken

Fürbittengebet

Gott des Lebens, der den Tod besiegt hat:

Schenke uns den Glauben an die Auferstehung! Lass uns deine Kraft des Lebens spüren!

Gott des Lebens, der den Tod besiegt hat: Schenke den Verzweifelten, den Unterdrückten, den Notleidenden die Kraft zum Aufstehen! Lass sie deine Nähe spüren!

Gott des Lebens, der den Tod besiegt hat: Schenke den Mächtigen die Einsicht, dass all ihr Handeln dem Leben dienen muss. Lass sie ihre Grenzen erkennen.

Gott des Lebens, der den Tod besiegt hat: Schenke den Kranken, den Sterbenden, den Trauernden die Hoffnung der Auferstehung. Lass sie die Macht des Glaubens spüren.

Gott des Lebens, der den Tod besiegt hat: Schenke dieser Welt immer wieder ein Ostern, das uns alle an dein Reich erinnert. Lass uns den Geist der Freude spüren.

Amen.

Christian Frühwald

17. Sonntag nach Trinitatis

Matthäus 15,21–28

I

Liebe Gemeinde!

Manchmal weiß ich, was ich will. Es gibt Situationen, es gibt Wochen, es gibt kurze Augenblicke – da weiß ich manchmal einfach *ganz genau*, was ich will. – Frische Milch, zum Beispiel. Da höre ich morgens schon im Bad das Tropfen der Kaffeemaschine. Diese verheißungsvollen Brühgeräusche. Der Duft liegt mir in der Nase. Ich gehe in die Küche, nehme meine Lieblingstasse aus dem Schrank, stelle sie – noch mit ganz kleinen Augen – vor mir ab. Ich greife nach der Kaffeekanne. Und dann, ja dann dämmert es mir schon: Die Milch ist leer! Die Milch ist doch schon seit gestern leer. Ich werfe einen Blick in den Kühlschrank, greife nach der Packung. Wie erwartet: Es ist kein Tropfen Milch mehr drin. Meinen enttäuschten Blick können Sie sich wohl vorstellen. Keine Milch also. – In dieser Situation weiß ich, was ich will: Milch für meinen Frühstückskaffee. Ganz einfach. Nicht mehr und auch nicht weniger. Da hilft es auch nicht, wenn mir jemand erklärt: Kaffee schmeckt schwarz doch auch gut! Ich will doch Milch …!

Manchmal, da weiß ich ganz genau, was ich will. Zum Beispiel: Wenn ein Mensch, der mir am Herzen liegt, die Pralinen nicht isst, die ich mitgebracht habe und die er doch sonst so gerne mag. „Kein Trüffel-Krokant heute", keucht da jemand kleinlaut unter seiner Bettdecke hervor. Weil ihm der Kopf dröhnt. Weil das Fieberthermometer noch immer steigt. Weil er sich am liebsten einfach nur in seinem Bett verkriechen möchte. Ist es vielleicht doch mehr als eine einfache Erkältung, frage ich mich. – In solchen Momenten weiß ich, was ich will: Ich will, dass er gesund ist. Ich will, dass er lacht. Ich will, dass er sein Leben wieder genießt, die Fenster aufreißt, die Taschentücher vom Bettrand stößt und mir in die Arme fällt. Dass er wieder der ist, der er immer war. Ganz einfach. Nicht mehr und auch nicht weniger muss doch passieren …!

Manchmal weiß ich einfach, was ich will. Ich will der Mensch sein können, der ich bin. Ich will als derjenige gesehen werden, der ich immer schon war. Ich will einfach nur so sein, wie ich von Gott gemacht wurde. Ich will mich nicht verstellen. Ich will mich nicht verbiegen. Ich will meine Prinzipien auch nicht über den Haufen werfen. Ich will einfach nur der sein, der ich bin. – Mit dem, was ich will. Aber auch mit dem, was ich erträume. Und mit dem, woran ich glaube. Ich frage mich: Wird nicht in all dem erst deutlich, was mich eigentlich ausmacht …?

II

Nicht immer spreche ich laut aus, was ich will. Manchmal tue ich es aber schon: „Ich will Milch!", sage ich dann etwas trotzig, dafür umso lauter, zu mir selbst. „Kann er denn nicht einfach wieder gesund werden? Ich will, dass er gesund ist!", sage ich dann etwas hilflos. „Ich will doch einfach nur so sein, wie ich bin", sage ich dann mit klarer Stimme, „… und nicht so, wie du mich vielleicht gern hättest."

Manchmal ist jemand dabei, wenn ich solche Sätze ausspreche. Manchmal hört mir jemand zu, wenn ich mich zu meinem Willen bekenne. Manchmal tut das auch sehr gut. Und manchmal habe ich leider Pech. Pech, weil derjenige, der mir zuhört, mich in diesen Situationen nicht versteht oder mich nicht verstehen will. Es trifft mich, wenn jemand zu mir sagt: „Was du willst, muss doch gar nicht sein: Kaffee schmeckt doch auch ohne Milch." – Es trifft mich, wenn jemand meint: „Nur, weil du es willst, wird es sich nicht ändern: Er ist nun mal krank." – Und es trifft mich ganz besonders, wenn es heißt: „Ein Mensch, der wirklich glaubt, der kann so etwas doch nicht wollen. Das ist doch gegen Gottes Willen!"

Ich bin überzeugt, dass viele unter uns auch diesen Satz schon einmal gehört haben: „Ach, mach doch, was du willst!" – Ein Satz, der ein Gespräch über Dinge, die uns persönlich sehr wichtig sind, oftmals abrupt beendet. Ein Satz, der oft Niedergeschlagenheit zurücklässt. Ein Satz, der unseren Willen auf die Probe stellt. „Mach doch, was du willst!" – Das bedeutet ja oft nur „Was du willst, ist Schwachsinn!" – „Was du willst, das kann man doch nicht wollen!" – „Was du willst, das will doch kein Mensch!" – „Geh doch zum Teufel mit deinen Ideen!".

III

Wir sind Menschen, gerade weil wir einen eigenen Willen haben. Wo wir eine konkrete Vorstellung von unserem Leben und unserem Glauben haben, wo wir wissen, was wir wollen, gerade dort erleben wir uns als die Menschen, die wir sind. Dort sind wir bei uns selbst heimisch geworden. Dort sind wir in unserem Leben angekommen und nicht bloß zu Gast im eigenen Leben. Dort sind wir Herr im eigenen Haus.

Wo wir unserem Willen folgen und ihn auch aussprechen, können uns auch andere Menschen so sehen, wie wir sind. Ich frage mich: Sind wir nicht gerade dann wirklich bei uns selbst, wenn wir ein Bild davon haben, was die Zukunft bringen soll, wenn wir davon freimütig erzählen und unseren Vorstellungen entsprechend handeln? Ich bin überzeugt: Es kann kein Zufall sein, dass sich Menschen gerade in jenen Momenten ganz als Mensch und ganz von ihrem Glauben getragen erleben, wenn sie Sätze sagen wie: „Ich will Polizist werden!" oder „Ich will mit dir meine Zukunft verbringen." – „Ich will dich küssen." – „Ich will, dass es dir gut geht." – „Ich will bei dir bleiben." – „Ich will dir vergeben." – „Ich will, dass du mir verzeihst." – „Ich will die Welt sehen!" – „Ich will meine Ruhe haben!" – „Ich will mich beruflich neu orientieren." – „Ich will reinen Tisch machen." – „Ich will nicht mehr leben". – Oder in aller Kürze, ganz einfach: *Ja, ich will!"*

Liebe Gemeinde, ich denke, dass der heutige Predigttext vor diesem Hintergrund wirklich Sinn macht und uns viel Neues zu verstehen gibt. Er erzählt von einer Frau, die ganz genau weiß, was sie will; von einer Frau, die zu ihrem Willen steht und sich scheinbar von niemandem von diesem Willen abbringen lässt; von einer Frau, der am Ende gesagt wird: „Dein Wille geschehe!" – wir haben die Geschichte eben in der Evangelienlesung gehört.

IV

„Dir geschehe, wie du willst." – Mit diesen Worten endet das Gespräch zwischen zwei Menschen, die sich zunächst völlig fremd sind, zwischen der kanaanäischen Frau und Jesus, den wir als Sohn Gottes bekennen. „Dir geschehe, wie du willst", heißt es im Text – und nicht „Ach, mach doch, was du willst!". Die Frau soll eben nicht „zum Teufel gehen". Das Gegenteil ist der Fall.

Ich finde es höchst bemerkenswert, wie im Text vom Willen dieser Frau gesprochen wird. Wie die uns vertraute Rede vom Willen im Christentum nahezu auf den Kopf gestellt wird: „Dein Wille geschehe!", das bekennen wir ja sonntäglich im Vaterunser. Wir bekennen, dass der Wille Gottes geschehen soll. Auch hier auf Erden, nicht bloß im Himmel, soll es so sein, wie Gott es will. Aber im Predigttext richtet diese Worte – „Dein Wille geschehe!" – nicht ein Mensch an seinen Gott. Das würden wir als Christinnen und Christen vielleicht erwarten. Aber: Hier ist es genau umgekehrt! Jesus spricht diese Worte der kanaanäischen Frau zu. Es ist ein menschlicher Wille, der geschehen soll. Es ist der Wille dieser konkreten Frau, der von Jesus bejaht wird. Diese Frau wird nicht angehalten, ihren Willen einer bestimmten Vorstellung vom Willen Gottes unterzuordnen. Nein, ihr Wille ist es, ihr ganz persönlicher Wille, der geschehen soll. Das, was sie will, ist kein Ärgernis. Es ist nicht falsch und auch nicht unzumutbar. – Genau das Gegenteil ist der Fall.

Die kanaanäische Frau wird im Gespräch in ihrem Willen von Jesus bestärkt. Die Kanaanäerin will, dass der böse Geist, der ihre Tochter plagt, verschwindet. Nicht mehr und auch nicht weniger. Weil sie diesen Willen in Worte fasst, können wir sie als der Mensch, der sie ist, sehen: Sie sorgt sich um ihre Tochter. Ihre Gesundheit liegt ihr am Herzen. Sie ist ein Mensch, der angesichts ihrer eigenen Lebenslage sehr genau weiß, was sein soll, was geschehen muss. Sie ist eine Frau, die weiß, was sie will. Mit ihrem Willen, mit ihrer konkreten Vorstellung von dem, was die Zukunft bringen muss, wird diese Frau aber nicht nur *als Mensch* sichtbar. Das ist erst die halbe Wahrheit. – Sie wird auch *als Glaubende* sichtbar. „Frau, dein Glaube ist groß!", heißt es über sie, ohne dass zuvor überhaupt vom Glauben in irgendeiner Weise die Rede gewesen wäre. Der Satz kommt recht unerwartet, fast völlig unvermittelt: „Frau, dein Glaube ist groß!" – Heißt das: Wo ein Wille ist, ist auch ein Glaube?

Wenn ich diese beiden Sätze höre – „Das, was du willst, soll geschehen!" und „Frau, dein Glaube ist groß!" –, so will ich wissen, was sie bedeuten. Zu sehr fallen sie aus dem für mich gewohnten Denkrahmen heraus.

Als Jesus dieser Frau mit ihrem starken Willen begegnet ist und ihr diese zwei Sätze mitgibt, da denkt er sich vielleicht Folgendes:

Ich sehe, du bist wirklich, wie du bist. – Und: Weil du bist, wie du bist, bist du für mich auch gut. – Weil du glaubst, wie du glaubst, glaubst du für mich auch richtig. – Weil du willst, was du wirklich willst, deswegen soll dein Wille geschehen. – Gilt diese unbedingte Bejahung auch für uns, für unsren Willen, für unsren Glauben?

In denke, auch Jesus wusste es: Im Wollen von uns Menschen wird das sichtbar, was uns zu den Menschen macht, die wir sind; was uns aber auch zu den Glaubenden macht, als die wir von Gott her immer schon gewollt waren. Darum wird der Wille der Kanaanäerin von Jesus ausdrücklich bejaht. Vielleicht ist es wirklich so einfach: Wo Menschen etwas wollen, sind sie nicht nur *ganz bei sich*, sondern auch *ganz bei Gott*.

V

Stellen Sie das, was Sie wollen, nicht zurück! Liebe Gemeinde, stellen Sie das, was Sie wollen, in den Raum! Bringen Sie es ins Gespräch ein! Ins Gespräch mit Ihren Mitmenschen, aber auch ins Gespräch mit Gott! Wo Sie vor anderen in Gesprächen sichtbar werden mit dem, was Sie als Person ausmacht, was Sie antreibt, was Sie bewegt, was Sie brauchen, dort sind Sie nicht nur bei sich selbst. Sie stehen dann auch mit mehr als nur einem Fuß in jener Sphäre, die Christen das „Reich Gottes" nennen. Das Reich Gottes ist uns viel näher, als wir denken: Es sieht manchmal fast so aus wie eine Milchpackung, die dann doch noch plötzlich im Kühlschrank auftaucht. Es schmeckt manchmal beinahe so wie Trüffel-Krokant am ersten fieberfreien Tag nach einer Grippe. Es fühlt sich bisweilen an wie eine Geste der Wertschätzung, durch die ich merke, dass ich so sein kann, wie ich bin. Dieses Reich Gottes hat seinen Anfang dort, wo jemand sich zu seinem Willen bekennt und alles dran setzt, ihn auch in die Tat umzusetzen; es hat seinen Anfang dort, wo wir diesen Gedanken verstehen: *Jesus will, dass unser Wille geschehe.* Nicht mehr und auch nicht weniger. Amen.

Vorschläge für das Predigtlied

EG W 626	Manchmal kennen wir Gottes Willen
EG 409	Gott liebt diese Welt

Fürbittengebet [mit Gebetsruf EG 178.11]

[Liturg(in):] Viele Menschen wissen, was sie wollen: Ein Leben in Gemeinschaft und Liebe wollen sie führen. „Ich will bei dir sein", sagen diese Menschen. „Ich will mit dir meine Zukunft verbringen", sagen sie. „Ich will, dass du mir vergibst." – Auch das sagen diese Menschen. Oft lässt sich das, was sie von ganzem Herzen wollen, aber scheinbar nicht umsetzen. Darum rufen wir zu dir: Herr, erbarme dich!

[Liturg(in) und Gemeinde:] EG 178.11

[Liturg(in):] Viele Menschen wissen durchaus recht genau, was sie wollen: Die frische Luft der Freiheit wollen sie atmen. „Ich will die Welt sehen", sagen diese Menschen. Oder auch: „Ich will mich beruflich neu orientieren." Manchmal sagen sie auch: „Ich will reinen Tisch machen." – Nicht immer ist ihnen das auch so einfach möglich. Vieles steht ihnen im Weg. Die große Welt ist für sie weit weg, der eigene Spielraum viel zu klein, die Luft gar zu dünn. Darum rufen wir zu dir: Herr, erbarme dich!

[Liturg(in) und Gemeinde:] EG 178.11

[Liturg(in):] Manche Menschen tun sich schwer mit dem, wie sie sind. Sie tun sich schwer damit, für das, was sie wollen, auch einzustehen. Nur sehr zaghaft können diese Menschen in Worte fassen, was sie von ihrem Glauben erwarten oder welche Richtung ihr Leben nehmen soll. Der Satz „Das ist es, was ich will!" kommt ihnen nur schwer über die Lippen. Darum, Herr, rufen wir zu dir: Erbarme dich!

[Liturg(in) und Gemeinde:] EG 178.11

Bernhard Kirchmeier

Erntedanktag

Lukas 12,(13–14)15–21

Liebe Gemeinde!

„Verschiebe nichts auf morgen, was sich nicht getrost auch auf übermorgen verschieben lässt." Das soll Mark Twain gesagt haben. Immer wieder folgen Menschen diesem nicht ganz ernst gemeinten Ratschlag: Studenten-WGs beherzigen diese Anweisung, wenn es um den Abwasch geht, Schülerinnen kalkulieren den letztmöglichen Termin für die Hausaufgaben, und sogar mancher Pastor soll erst kurz vor zehn am Sonntag mit der Predigt fertig geworden sein. Das inoffizielle Motto meiner Lieblingsstadt am Mittelmeer, Marseille, lautet: Morgens nicht so schnell, dafür nachmittags schön langsam. Auch in Deutschland, dem ja der Ruf von Zuverlässigkeit, Pünktlichkeit und Präzision anhaftet, gibt es Amtsstuben, in denen man auf die Erledigung des Antrags ein bisschen länger warten muss.

Ich kenne keine Eltern, die ihr Kind nicht irgendwann ermahnen, Dinge nicht vor sich herzuschieben, sondern sie zu erledigen. Rechtzeitig. Vorsorgen. Ist eine ausreichend große Reserve angespart, dann darf man auch genießen, natürlich, aber je größer der Puffer, desto besser. Und dann, wenn es an der Zeit ist, gilt es den Überfluss über sich auszuschütten und kräftig zu feiern. Hochzeiten, runde Geburtstage, Jubiläen, Weihnachten: All diese Dinge haben ihre Zeit – und wollen gut vorbereitet und angespart werden.

Und das Erntedankfest? Was wird da genau gefeiert? Die Fleißigen, die vom Korn bis zum Ofen dafür sorgen, dass wir Brot auf dem Tisch haben? Ja, auch denen gilt klassisch unser Dankeschön. Oder feiern wir die klugen Planer, Scheunenbauer und Spediteure, die sicherstellen, dass zu aller Zeit genug da ist? Selbstverständlich auch die. Und darf es auch einfach nur schön sein, der Altar reichlich geschmückt, fröhliche Lieder, knalliges Obst und Gemüse und Duft nach Gebackenem in der Kirche? Schön, dass es dafür einen Feiertag gibt!

Erntedank ist vielgestaltig, ganz so, wie es ein Fest sein soll. Der Termin verschwimmt nach und nach, da mittlerweile ganzjährig geerntet und transportiert wird, sonst gäbe es Weihnachten schließlich keine Erdbeeren, und auch im eigenen Land wird zu jeder Zeit unter Glas und Folie und in Hallen Nahrung hergestellt. Ganz unpassend ist es am Ende des Sommers ja auch trotzdem nicht.

Feiern wir also heute ein Fest! Aber denken Sie daran: Feste sind Risiko. Es kann eine Menge schiefgehen. Schon in der Planung bekommt sich manches Festkomitee so sehr in die Haare, dass es nicht mehr miteinander reden mag. Und auf der Feier selbst kann vieles die Veranstaltung komplett ruinieren und den schönen Anlass ins Gegenteil verkehren. Es könnte etwas ganz anders ankommen, als es gemeint war, und schon ist die Stimmung im Eimer. Hier im Gottesdienst zum Beispiel, da ist die Kollekte – traditionell – für Brot für die Welt. Weil wir von unserem Reichtum etwas abgeben möchten. Wenn das aber einer missversteht als Gewissensberuhigung, als bloßes Almosen an die, auf deren Kosten wir leben und denen wir das Essen wegnehmen, das so hübsch dekoriert ist, kommt er nicht in Feierstimmung.

Ebenfalls ein Stimmungskiller: ein Partygast, der zur falschen Zeit die falsche Geschichte erzählt. Von der Ex bei der Verlobung. Oder bei der Hochzeit, dass in beiden Familien ja noch nie eine Ehe gehalten hat, man es aber ruhig noch einmal versuchen könne. Oder beim Geburtstag von … – aber Sie kennen ja selber diese nahen oder entfernten Verwandten, denen das Mikrofon zu spät oder gar nicht entrissen wird und von denen sich manche Feier nicht erholt.

So einen Onkel haben wir auch heute im Gottesdienst zu Gast, und er erzählt eine Horrorgeschichte. Die vom reichen Kornbauern – wir haben sie eben in der Evangelienlesung gehört. Hier benimmt sich jemand kräftig daneben. Im besten Fall wäre diese Geschichte nur irritierend, vielleicht geschmacklos. Im schlimmsten Fall kippt die Stimmung. Und es ist wirklich eine Horrorgeschichte. Horrorgeschichten funktionieren so, dass sie den Menschen mit seinen Ängsten konfrontieren: Dunkelheit, Unbekanntes, Kontrollverlust. Ganz plötzlich und mitten im Leben. Wie bei eben jenem Kornbauern, dem klugen Kornbauern, der die reiche Ernte kommen sieht und rechtzeitig größere Scheunen baut. Er kann zufrieden sein und ist es auch. Und dann die Stimme aus dem Off: „Diese Nacht wird man deine Seele von dir fordern." Die Geschichte endet, kurz bevor er stirbt – auch ein wichtiges Horrorelement, der Schrecken wird gar nicht gezeigt, sondern spielt sich im Kopf jedes und jeder Einzelnen ab.

Unbeantwortet bleibt die Frage: Was hat er falsch gemacht? Womit hat er das verdient? Das, was er bekommen hat, hat er niemandem weggenommen. Er hat nicht hämisch auf die weniger Glücklichen gezeigt. Er hat sich nichts eingebildet auf seinen Reichtum. Er hat sogar erkannt, dass er nun für den Rest des Lebens reicht und er aufhören kann zu schuften, das schaffen die wenigsten. Und doch hört er auf diesem Höhepunkt: „Du Narr! Diese Nacht wird man deine Seele von dir fordern."

Das Einzige, was vielleicht ein wenig auffällig ist: Er führt ein Selbstgespräch. Bis Gottes Stimme kommt, gibt es in der Geschichte nur den Bauern und seinen Besitz. Da sind keine anderen Menschen. Da gibt es nur „Ich" und „Es", ein „Du" fehlt, seien es Mitgeschöpfe oder der Schöpfer. Und das ist der Punkt, an dem der kluge Mann sich doch verrechnet hat. Die Rechnung ohne Gott gemacht hat. Und jede einzelne Position darauf kam von ihm. Gnadenlos wird er am Ende seines Lebens – und dieses Ende kam weit schneller als gedacht – gefragt: „Wem wird dann gehören, was du angehäuft hast?" Anders formuliert: Für wen hast du eigentlich diese ganzen Schätze angehäuft? Für nichts!

Wird jetzt das Fest zur Trauerfeier? War das die falsche Geschichte zur falschen Zeit? Das kommt darauf an, was genau gefeiert werden soll an Erntedank, wem gedankt werden soll. Geht es darum, Produktionskreisläufe abzufeiern, dann klingt die Geschichte vom reichen Kornbauern höhnisch: Freu dich ruhig an dem bunten Zeug – es ist schneller weg, als du meinst. Es braucht also einen anderen Feier-Anlass. Vielleicht wie früher im Kindergottesdienst: „Gott lässt das Getreide wachsen, nicht der Bauer"? Das wäre ebenso fromm wie naiv. Die Variante funktioniert länger als die mit dem geschenkebringenden Christkind, aber nicht viel länger.

Ich habe einen Gegenvorschlag: Erntedank ist das Fest des In-den-Schoß-Fallens. Heute ist ein guter Tag, dem zu danken, der uns die Dinge in den Schoß wirft. Allen voran das, wofür wir am allerwenigsten getan haben: dass wir leben. Es ist

Geschenk und irgendwie auch Leihgabe, denn irgendwann will er es zurück. Und wenn er es zurückhaben möchte mit den Worten „Du Narr! Diese Nacht wird man deine Seele von dir fordern; und wem wird dann gehören, was du angehäuft hast?" – dann ist alles zu spät. Dann brauchen wir unseren Erlöser.

Ja, es ist richtig, seit der Vertreibung aus dem Paradies müssen wir im Schweiße unseres Angesichts unser täglich Brot erwirtschaften. Aber seit das mit dem „täglich" völlig aus dem Ruder gelaufen ist, schwitzen manche mehr als andere. Bei allem Blut, Schweiß und Tränen – wie viel fällt uns im Vergleich einfach so zu? Viel! Sogar alles, wenn wir hilflos auf die Welt kommen, und auch danach in Hülle und Fülle. Dafür bin ich dankbar. „Niemand lebt davon, dass er viele Güter hat", so die Mahnung im Predigttext. Das wissen wir, und können es doch schwer umsetzen, schon gar nicht Tag für Tag.

Aber genau dafür sind Feste da. An einem einzigen Punkt Wirklichkeit werden zu lassen, was wir uns für das ganze Leben wünschen. Alles andere auf morgen zu verschieben, besser noch auf übermorgen, denn so ein Fest darf auch nachklingen. Heute ist ein guter Festtag, um Gott für das Leben zu danken und für das, was uns am Leben hält. Heute ist ein guter Tag, um die Zweifel, dass es bei der Bewältigung des Alltags meist doch ein bisschen komplexer ist, auf morgen zu verschieben. Nein, auf übermorgen. Erntedank ist ein guter Tag, um das Geschirr stehen zu lassen, eine Sechs bei den Hausaufgaben zu kassieren, und auch die Predigt wird deswegen nicht ganz fer…

Vorschläge für das Predigtlied

EG RWL 644	Vergiss nicht zu danken
EG 502	Nun preiset alle Gottes Barmherzigkeit

Fürbittengebet

Allmächtiger Gott, der du Himmel und Erde geschaffen hast und alles, was darauf ist, wir danken dir für all das Gute, das uns in den Schoß fällt, wir danken dir, dass du uns am Leben hältst. Wir bitten für uns: Hilf uns, deinen Reichtum gerechter zu verteilen.

Herr Jesus Christus, du bist gekommen, um uns aus Ungerechtigkeiten zu erlösen und lädst uns alle an deinen reich gedeckten Tisch, dafür danken wir dir. Wir bitten für uns, dass wir denen an den Zäunen Europas Platz an diesem Tisch geben, an dem genug für alle ist und an dem alle satt werden.

Schöpfer, Heiliger Geist, du führst uns über unsere Grenzen hinaus, Dank sei dir dafür. Wir bitten dich für uns, dass wir dem Wandel mutiger, Veränderungen gelassener und dem Unverdienten fröhlicher gegenüber werden.

Gott, Vater Sohn und Heiliger Geist, in der Stille gedenken wir derer, die unser Leben reich gemacht haben, die unsere Hilfe brauchen:

[Stille]

Vater unser

Sebastian Kuhlmann

19. Sonntag nach Trinitatis

Markus 2,1–12

I

Liebe Gemeinde!

Manchmal sieht die Welt heillos aus. Was zurzeit in Deutschland, in Europa und in der Welt passiert – da kommen wir nicht mehr mit. Wir haben mit uns selbst zu tun, sind randvoll mit Sorgen und Problemen. Wenn wir es nicht sind, wenn es uns gut geht, wollen wir es auch einmal genießen – das nächste Unheil kommt bestimmt. Wir haben nicht den Atem zu verstehen, was in der Welt geschieht. Woher kommt die fortgesetzte Gewalt in …, warum greifen die Friedensmissionen nicht? Wieso versprechen die Politiker Lösungen und Verbesserungen und weichen vor der Macht des Geldes und der Fakten zurück? Was ist los mit der Mutter, die ihrem Kind mehr Schläge und Fernsehen als zu essen gibt, oder mit den Eltern, die ihren Kindern ein Bildungsangebot nach dem anderen machen? Die Welt ist heillos. Wir können es nicht anders sehen.

II

Wir wollen nicht die vier Männer übersehen, die uns aus dem Markus-Evangelium entgegenkommen. Sie haben einen gelähmten Freund. Sie besuchen ihn oft. Sie reden ihm gut zu, obwohl sie nicht wissen, was sie sagen sollen. Sie machen Betrieb, um ihn abzulenken und aufzuheitern. Sie tragen schwer daran, dass er unheilbar ist. Aber nun tragen sie ihn durchs Dorf auf einer Bahre. Sie sind zu viert, jeder trägt an einer Ecke, wie man einen Sarg trägt. Sie wollen nicht, dass es so weit kommt. Deshalb tragen sie ihn dorthin, wo in der heillosen Welt Heilung sein soll.

Jesus ist in den Ort gekommen. Er redet von Gottes Heil. Viele wollen ihn hören und kommen in das Haus, wo er redet. Jesus redet von Gott und wie Gott die Welt sieht. Ihn zu hören, kann ihre Sicht auf die Welt beeinflussen, ihnen Vertrauen und Hoffnung geben. Toll, dass sie sich das nicht entgehen lassen! Die vier mit der Trage und dem Gelähmten stören sie. Bei diesem Kranken ist doch Hopfen und Malz verloren, während bei ihnen Zuhören noch etwas ändern kann. Gott heilt, ja – aber manchen erst später oder erst jenseits des Lebens und manche heilt er nie. Wir können Gott nicht immer verstehen.

Die vier mit der Trage reflektieren nicht. Sie suchen den Zugang zu Jesus und finden ihn. Sie steigen auf das flache Dach des Hauses, sie demolieren die Decke und stören mit Stroh und Lehm, die nach unten fallen, die andächtige Versammlung. Sie glauben der Unheilbarkeit des Freundes und der Heillosigkeit der Welt nicht. Sie glauben an die Auferstehung der Heillosen und suchen sie bei Gott, von dem Jesus redet.

III

Jesus heilt. Er heilt in einer Situation, die zu den heillosesten der Welt gehört. Um ihn herum sind Leute, die Gott gepachtet haben. Die wissen genau, welche Bedingungen Gott stellt, ehe er gesund macht, welche Voraussetzungen erfüllt werden müssen, damit Gott das Leben erneuert. Sie sind entschlossen, jedem zu schaden, der von Gott etwas anderes weiß. Sie passen auf Jesus auf. Sie kontrollieren jedes Wort, jede Geste, jeden Umgang, ob sie vor ihrem Forderungskatalog bestehen. Jesus hat kaum eine Chance, richtig verstanden zu werden. Das kann lebensgefährlich sein.

Jesus begibt sich in diese Gefahr. „Mein Kind", sagt er zu dem Gelähmten, der vom Dach herunter vor seinen Füßen landet. Der Mann gehört zu seiner Familie. Wer heillos ist, gehört zur Familie Gottes. Und dann sagt er: „Dir sind deine Sünden vergeben." Wer zu Gottes Familie gehört, muss nicht als Belasteter leben.

Eigentlich ist das noch nicht gefährlich. Seine Kritiker könnten sich darin wiederfinden, wenn Jesus menschliche Schuld und menschliche Krankheit im Zusammenhang sieht. Aber die Vergebung aus dem Mund von Jesus macht alles zunichte. Das ist für sie äußerste Amtsanmaßung. Sie fragen nicht, wie Jesus dazu kommt, es reicht, dass er es tut. Auf diese Weise darf nach ihrer Überzeugung niemand heilen. Sie haben das Heil für sich gepachtet – und nehmen hin, dass es anderen vorenthalten wird. Das ist immer wieder ein Grund für die Heillosigkeit der Welt.

IV

Jesus hält sich nicht bei ihnen auf. Jetzt ist der Gelähmte dran. Und die Freunde, die gespannt durch das Loch blicken, das sie ins Dach gerissen haben. Wird Jesus heilen? Er hat schon mit dem Satz begonnen: „Dir sind deine Sünden vergeben." Nicht, weil er Krankheit als Strafe für Sünde ansieht. Aus anderen Erzählungen der Bibel wissen wir das. Aber Jesus weiß, dass Leib und Seele zusammenhängen. Wo ein kranker Körper ist, da ist – nicht immer – aber oft ein kranker Geist, ein krankes Gemüt. Körperliche Leiden hängen mit den Leiden der Seele zusammen. Unsere Seele kann belastet sein von der Schuld, die wir begangen haben, von dem Leid, das wir anderen zufügten. Oft, sehr oft, ist es das, was andere uns angetan haben. Die Narben, die ein Mensch mit sich herumträgt, müssen nicht von absichtlich zugefügten Wunden stammen. Oft werden Menschen aus Unkenntnis oder aus bester Absicht aufs Tiefste verletzt. Was sich gehört und was zu leisten ist, kommt vor der Frage, wer einer wirklich ist und was er wirklich kann – und so wird er Teil der heillosen Welt. Niemand lässt sich von ihm infrage stellen, aber er selbst muss sich manche Frage gefallen lassen. Kein Wunder, wenn so einer auf die traurigste Sünde verfällt, die es gibt – Gott nicht mehr zu glauben, dass er etwas mit ihm zu tun haben will.

Jesus weiß, dass Heillosigkeit und Krankheit viele Ursachen haben – multikonditional heißt das heutzutage. Damit macht er es sich schwerer als die anderen. Die einfachen Antworten scheinen praktischer – Krankheit ist Strafe für Sünde oder eine Folge falscher Ernährung oder von Umweltschäden, die gewissenlose Geschäftemacher verursachen. Schuldige zu finden, ist eine beliebte Lösung, wenn die Not der Welt uns bedrängt. Darauf gibt es eine einfache Therapie: „Die Bösen werden geschlachtet, die Welt wird gut." – Nein, sie bleibt so kaputt, wie sie war. Eher wird es schlimmer mit ihr.

V

So einfach macht es sich Jesus nicht und heilt doch. Und heilt wirklich. Er heilt nicht allgemein. Er heilt diesen Mann, der gelähmt auf seiner Bahre liegt. *„Du"*, sagt Jesus, „steh auf, stell dich auf deine Beine. Nimm dein Krankenlager und geh heim, geh, wohin du gehörst. Du hast einen Platz in der Welt, den du ausfüllen kannst – den nur du ausfüllen kannst. Dazu bist du heil, dass du in dieser heillosen Welt als Geheilter lebst. Wenn du das wagst, ist der Heillosigkeit das Rückgrat gebrochen."

Der Mann steht auf, nimmt die Bahre und geht an allen vorbei nach draußen. Die ihn nicht hineinlassen wollten in ihre andächtige und kritische Runde, staunen, dass es das gibt: Gott heilt, obwohl ihre Vorschriften etwas anderes vorsehen. Womöglich ahnen einige von ihnen, dass Helfen und Heilen über alles andere geht.

Der Geheilte geht fröhlich seinen Weg, und wir können sicher sein, dass seine Freunde vom Dach gelaufen kommen, um sich mit ihm zu freuen. Sie hatten den Glauben, mit dem diese Geschichte uns anstecken will – Gott will und kann alle heilen, die unheilbar scheinen. Gott braucht die, die zu nichts nütze sind. Sie sind ihm wichtig – und er sorgt dafür, dass jede und jeder wichtig werden kann auf ganz eigene Art.

VI

Liebe Gemeinde, es geht um gesunde Beine. Mit gesunden Beinen kann man einen anderen kräftig treten. Mit gesunden Beinen lässt sich wacker in den Krieg marschieren. Für gesunde Beine ist jeder Weg frei, auch der in den Untergang – man muss nur dran glauben. Jesus macht auch kranken Beinen den Weg frei. Die ihm das glauben, erleben Wunder. Sie finden einen Platz in der Welt. Sie sind unter den Menschen zuhause. Sie können in der heillosen Welt heilen und verbinden. Sie können – ohne sich und anderen etwas vorzumachen – fröhlich und zuversichtlich leben. Amen.

Vorschläge für das Predigtlied

EG 383,1–4   Herr, du hast mich angerührt
EG 414,1–4   Lass mich, o Herr, in allen Dingen

Fürbittengebet
Heilender Gott,
wir bitten dich: Heile die Welt! Vor uns sehen wir das Unheil.

Gott, wir bitten dich: Heile die christlichen Gemeinden in unserem Ort, in unserem Land, in der Welt. Vor uns sehen wir ihren Schaden.

Gott, wir bitten dich: Heile uns! Wir verlieren immer wieder das Vertrauen. Wir sprechen unsere Zweifel nicht aus. Wir wagen die Liebe nicht. Wir tragen schwer an unseren Krankheiten und an der Angst, ihnen ausgeliefert zu sein. Wir machen einander das Leben schwer durch Gleichgültigkeit oder Besserwisserei.

Heilender Gott, wir danken dir für deine unerschütterliche Hilfsbereitschaft. Ihr vertrauen wir uns und die Welt an durch Jesus Christus. Amen.

Karlheinz Weber

20. Sonntag nach Trinitatis

Markus 10,2–9 (10–16)

Die Zwischenüberschriften gliedern den Text, werden aber nicht vorgelesen.

[1. Jesus und die Gebote]

Liebe Gemeinde!

Es wird viel gestritten in den Kirchen, wer eine Ehe schließen darf und wie damit umzugehen ist, wenn eine Ehe scheitert. Fünfzig Prozent aller neu geschlossenen Ehen halten nicht. Gerade unsere katholischen Geschwister beharren aber auf der Unauflöslichkeit der Ehe: Was für die einen zum Grundbestand kirchlicher Lehre gehört, ist für die anderen ein Stein des Anstoßes und gehört abgeschafft. Wie ist das also mit dem Gebot „Du sollst nicht ehebrechen" – wie steht Jesus zu diesem Gebot?

Ja, wie ernst nimmt Jesus überhaupt die Gebote? Welche Einstellung hat er zum Gesetz? Und wie würde Jesus mit seinen eigenen Worten umgehen? Diese Fragen sollen heute zur Grundlage werden, um sich den beiden Themen Ehescheidung und Stellung der Kinder, um die es im heutigen Predigttext geht, anzunähern.

Wie ernst nimmt Jesus die Gebote? Ich denke, wir können zunächst einmal festhalten, dass Jesus die Gebote von frühester Jugend an kannte und auch nach bestem Wissen und Gewissen befolgt. Wie alle Jungen seiner Zeit wird er eine gründliche Ausbildung an der Heiligen Schrift in der Synagoge erhalten haben. Später wird es ihm diese Grundlage ermöglichen, mit Sadduzäern und Pharisäern biblisch-theologisch zu argumentieren. Und das war auch gut so, denn für die Menschen der Zeit musste es so aussehen, als ob Jesus eine eigenwillige Einstellung zum Gesetz und zu den Geboten entwickelt hätte. In der Steuerpolitik zum Beispiel, einem großen Dorn im Auge der Pharisäer, zeigt sich Jesus liberal. Entgegen allen Reinheitsvorschriften, die den Umgang mit den Römern verbieten, entgegen dem Bilderverbot, das es als gräuliche Abgötterei auffasste, dass ein Bild des Kaisers auf den Münzen war, kann Jesus ganz locker dem Kaiser zustehen, was dem Kaiser gebührt (Mt 12,17). Dann wieder erleben wir einen Jesus, der die strenge Einhaltung der Gebote nicht nur einfordert, sondern sie sogar noch verschärft: Unsere Vorfahren haben gesagt, dass wir unsere Feinde hassen sollen. Ich aber sage euch, ihr sollt eure Feinde lieben (Mt 5,43 f.). Dann wiederum schien Jesus die Einhaltung der Gebote völlig egal, wenn er mit seinen hungrigen Jüngern am Sabbat Korn erntet und so im Grunde genommen das dritte Gebot bricht: Du sollst den Feiertag heiligen.

So viel können wir dazu sagen: Die Menschen waren von diesem souveränen Umgang Jesu mit dem Gesetz begeistert. Sie sind ihm gefolgt, sie wollten mehr von ihm wissen und sie achteten auch genau darauf, was er tat und sagte. Auf einmal erzeugten Gottes Wort und eben auch sein Gebot keine beklemmende Atmosphäre der Unterdrückung mehr, sondern erschuf einen Raum der Freiheit. Oder um es im Sinne Jesu zu sagen: *Der Mensch war auf einmal nicht mehr dafür da, das Gesetz zu erfüllen. Sondern das Gesetz war dafür da, die Sinnlosigkeit und die Leere der Menschen zu erfüllen.* Und diese von Gottes Wort erfüllten Menschen waren begeistert.

[2. Die Pharisäer und die Gebote]

Aber so begeistert, wie die Anhänger Jesu waren, so verunsichert waren die Schriftgelehrten. Sie waren ja die eigentlichen Experten in Sachen Erfüllung der Gebote. Nun kam einer, der ihnen mit seinen eigenwilligen Interpretationen und seinem freien souveränen Umgang mit dem Gesetz den sicheren Boden unter den Füßen wegzog. Für sie sah es so aus, als ob jemand das Gesetz Gottes mit Füßen tritt.

Darum sieht sich Jesus auch genötigt, noch einmal besonders darauf hinzuweisen, dass er nicht gekommen ist, um das Gesetz aufzulösen, sondern um es zu erfüllen (Mt 5,17). Jesus nimmt die Gebote sehr ernst. Und wir hören, dass es ihm nicht um Auflösung, sondern um Erfüllung des Gesetzes geht. Aber, und darauf kommt es an, die Erfüllung der Gebote sieht bei ihm eben anders aus, als bei den Pharisäern und Schriftgelehrten.

Und eben diese Pharisäer kommen jetzt auf Jesus zu und fragen ihn, der gar nicht verheiratet ist, wie er es denn mit der Einhaltung der mosaischen Ehegesetze hält. Und es ist nicht verwunderlich, dass auch hier Jesus einen eigenen Weg einschlägt. Wie hältst du's mit der Scheidung?, fragen sie. Und dass sie gerade das fragen, und dass gerade diese Frage von der Bibel überliefert wird, ist das beste Zeichen dafür, dass das Thema Ehescheidung damals ebenso brisant war wie heute. Wie hältst du's mit der Scheidung? Jesus kennt die Antwort aus dem Gesetz. Dort ist eine Scheidung rechtlich möglich. Und trotzdem, irgendwie ist Jesus mit diesem Gesetz nicht zufrieden. Ist das Scheidungsgebot wirklich für den Menschen da, könnte man fragen. Und Jesus stellt sich diese Frage. Und er beantwortet sie für sich so: Mann und Frau sind von Anfang an füreinander geschaffen, sagt er. Und darum lassen sie auch ihre eigenen familiären Bindungen hinter sich, wenn sie selbst eine Familie gründen, wenn sie – wie Jesus es sagt – eins werden. Diese Vereinigung hat für Jesus göttlichen Stellenwert, und darum zerbricht man so eine Vereinigung nicht leichtfertig. Denn Jesus weiß: Jeder Bruch führt zu Verletzungen.

Die Pharisäer könnten nun zufrieden von dannen ziehen. In diesem Fall scheint Jesus die Tradition zu kennen und ist durchaus in der Lage, seine eigene, scheinbar sehr konservative Meinung mit der Bibel, in diesem Falle mit der Schöpfungsgeschichte, zu belegen.

[3. Die Kirche und die Gebote]

Aber Jesu Worte von der Unauflöslichkeit der Ehe gären in den Menschen weiter. Und es sind seine Jünger, die ihn später noch einmal im kleinen Kreise ansprechen und es genau wissen wollen. Wie hältst du's denn nun wirklich mit der Scheidung? Und Jesus gibt unumwunden zu: Wer sich scheidet von seiner Frau und heiratet eine andere, der bricht ihr gegenüber die Ehe. Die Rede ist hart, wer kann sie hören? Bis heute wird von diesem einen Vers die gesamte katholische Eheauffassung gestützt. Die Ehe als Sakrament ist einmalig, unzerbrechlich und währt zumindest so lange, bis dass der Tod uns scheidet. Und auch die protestantische Ehemoral ist lange Jahrhunderte von der Unauflöslichkeit der Ehe ausgegangen. Wohin hat das geführt? Wahrscheinlich in ungezählte unglückliche Ehen. Die trotz häuslicher Gewalt, Vernachlässigung, Meinungsverschiedenheit und Lieblosigkeit nicht geschieden werden konnten bzw. durften. Wie viele ungezählte unglückliche Menschen hat dieser eine Satz im Laufe der Geschichte wohl hervorgebracht?

Was wäre wohl, wenn vor diesem Hintergrund ein Mensch zu Jesus gekommen wäre, gesagt hätte: „Die Pharisäer bestehen auf der Unauflöslichkeit der Ehe, komme, was wolle. Wer sich scheiden lässt und heiratet wieder, der bricht die Ehe." Müssen wir nicht davon ausgehen, dass Jesus seine eigenen Maßstäbe auch an das Ehegebot anlegen würde, wenn es hart auf hart kommt? Wenn das Heil und die Gesundheit der Menschen durch die Ehe gefährdet werden? Wenn Kinder Schaden nehmen? Wenn Ehepartner in Depressionen oder Aggressionen versinken?

[4. Jesus und die Betroffenen]

Zwei der Anfangsfragen haben wir schon versucht zu beantworten. Eine dritte Frage steht bis jetzt noch im Raum. Wie würde Jesus mit seinen eigenen Worten umgehen? Der Jesus, den wir kennen, der frei und souverän mit dem hartherzigen und eng-stirnigen Gesetz der Pharisäer umgeht. Legen wir noch einmal Jesu Maßstab an das Ehegebot an: Der Mensch ist nicht dafür da, das Gesetz zu erfüllen. Sondern das Gesetz ist dafür da, den Menschen zu erfüllen. Welche Erfüllung und Verheißung bietet eine unzerstörbare, lebenslange Ehe? Welche Erfüllung bietet es, in gemeinsamer Partner-schaft die Kinder, die Enkel und die Urenkel aufwachsen zu sehen?

In den neusten Jugenduntersuchungen gehört natürlich neben Reichtum der Wunsch nach Familie und eigenen Kindern zum unangefochtenen Spitzenreiter der Zukunftshoffnungen von Jugendlichen, Jungen ebenso wie Mädchen. Partner-schaftlich-familiäre Lebensformen, obwohl sie heute gar nicht mehr zum Standard gehören, sind als Idealformen aus den Köpfen der Menschen nicht wegzudenken. Letzten Endes ist die Ehe eine gute Gabe Gottes. Sie ermöglicht und schützt Gemeinschaft, Liebe, Nachwuchs und Zukunft. Und genau darum ist sie Jesus auch so unglaublich wichtig. So wichtig, dass er darauf besteht, dass eine Ehe nicht leicht-fertig zerbrochen werden soll. Und ich denke, dass man ihm mit dieser Meinung zustimmen kann. Ehe, das ist für Jesus eben nicht einfach ein Verwaltungsakt, eine Unterschrift, die mit einem Scheidebrief widerrufen werden könnte. Ehe ist für Jesus ein Lebensraum, in dem viele betroffene Personen leben, und in dem auch viele leiden, wenn es denn schiefgeht.

In direktem Anschluss an die Scheidungsfrage kümmert sich Jesus daher um die Stellung der Kinder. Kindheit zu Jesu Zeiten war kein Zuckerschlecken. Kinder wurden oft hart und ungerecht behandelt. Sie waren die Schwächsten und konnten sich oft nicht wehren. Für Jesus aber gehören die Kinder dazu. Er stellt sie in den

Mittelpunkt und macht sie groß. Kinder leiden am meisten unter der Trennung ihrer Eltern. Die Jugendpsychologen weisen sogar darauf hin, dass eine Trennung schlimmer empfunden wird als der Tod eines Elternteils. Wenn etwas unwiederbringlich zerreißt und zerbricht, dann sind die Kinder die Hilflosen, die dabeistehen und nichts tun können. Auch das ist ein Grund, die Ehe ernst zu nehmen. Aber darüber hinaus gibt es auch von betroffenen Kindern erstaunlich offene gegenteilige Meinungen. Wenn Mama das Geschirr durch die Gegend wirft und Papa aus Wut die Glastür eintritt, dann kommen auch Kinder zu der Einsicht, dass eine Trennung allen Beteiligten gut tun würde.

[5. Jesus und die Ehe]

Der Mensch ist nicht für die Ehe da, sondern die Ehe für den Menschen. So stelle ich mir Jesu freien und souveränen Umgang mit der Ehe vor. In einer Zeit, wo durch wahllose Scheidebriefe mit der Ernsthaftigkeit der Ehe Schindluder betrieben wird, machen die harten Worte Jesu einen Sinn. Die Mahnungen der Unauflöslichkeit wollen alle Beteiligten kompromisslos schützen. Aber einer Ehe, die die Menschen kaputtmacht, hätte Jesus niemals zugestimmt. In allen seinen Taten, seinen Gesetzesinterpretationen, den Erfüllungen und Umdeutungen von Geboten lässt Jesus niemals die Situation der Menschen außer Acht, denen der begegnet. Menschen, mit denen er lebt, streitet und diskutiert, die er heilt und rettet.

Gebote, die nur noch dafür da sind, dass man sie erfüllt, sind für Jesus völlig belanglos. Dann verlieren selbst die Zehn Gebote ihre Bedeutung. Um wie viel mehr also ein zwanghaft verstandenes Ehegebot. Im Sinne Jesu wird das Gebot gehalten, wenn es in der Lage ist, die Sinnlosigkeit und die Leere der Menschen mit Liebe und Leben zu erfüllen. Wenn die Ehe das schafft, dann ist sie es wert, gehalten zu werden. Dann ist sie wahrhaft unauflöslich und hält sogar bis über den Tod hinaus. Amen.

Vorschläge für das Predigtlied

EG 401	Liebe, die du mich zum Bilde
EG 417	Lass die Wurzel unsers Handelns Liebe sein

Fürbittengebet

Herr Jesus Christus,

du gehst auf die Menschen zu und hast die Schwachen im Blick. Du führst uns auf den richtigen Weg und zeigst uns, wofür es sich zu leben lohnt. Wir bitten dich:

Wir bitten dich für alle, die an der Hartherzigkeit dieser Welt scheitern. Die in ungerechten Verhältnissen leben und arbeiten müssen. Wir bitten für alle, die immer alles besser wissen. Die ihre Lebensweise anderen aufzwängen wollen und die unbelehrbar sind. Wir bitten dich für die, die sich bemühen und trotzdem ihr Ziel nie erreichen. Die Verzweifelten und Zukurzgekommenen. Wir bitten für alle Menschen in Ehen und Partnerschaften. Menschen, die sich lieben und Menschen die es schwer miteinander haben. Wir bitten für die Kinder der Welt, in reichen und in armen Ländern. Ebenso bitten wir für die Alten, Sterbenden, und Kranken.

Herr Jesus Christus, du hast uns gezeigt, dass Gott die Liebe ist. Du weißt, was wir zum Leben brauchen. Wir danken dir, dass du immer mehr gibst, als wir erwarten. Du willst uns in Liebe.

Christian Willm Rasch

21. Sonntag nach Trinitatis

Matthäus 5,38–48

I

Liebe Gemeinde!

„Die Bergpredigt greift über unsere Zeit hinaus. Aber gerade dadurch greift sie in unsere Zeit ein."[1] Diese beiden Sätze habe ich in einer Predigt gefunden. An diese beiden Sätze will ich mich halten. Sie erschließen den Zugang zu den Worten Jesu, die wir die Bergpredigt nennen. Einen Abschnitt daraus haben wir eben in der Evangelienlesung gehört. „Die Bergpredigt greift über unsere Zeit hinaus. Aber gerade dadurch greift sie in unsere Zeit ein."

II

Die Bergpredigt greift über unsere Zeit hinaus. Sie tut dies mit Zumutungen. Diese Zumutungen kommen aus dem Munde Jesu: „Ihr habt gehört, dass gesagt ist: ‚Auge um Auge, Zahn um Zahn.' Ich aber sage euch, dass ihr nicht widerstreben sollt dem Übel, sondern: wenn dich jemand auf die rechte Backe schlägt, dem biete die andere auch dar." Auge um Auge, Zahn und Zahn – so steht es im Alten Testament. Oft wird es so verstanden: „Vergelte Gleiches mit Gleichem! Wenn jemand dir ein Auge raubt, dann tue desgleichen bei ihm! Wenn einer dir einen Zahn ausschlägt, dann schlag ihm auch einen Zahn aus!" Doch geht es in dem „Auge und Auge, Zahn um Zahn" schon im Alten Testament nicht mehr einfach um Vergeltung. Er geht um Wiedergutmachung. „Auge um Auge, Zahn um Zahn" bedeutet: Schmerzensgeld zu zahlen. Die Summe richtet sich dabei nach dem Wert des Körperteils, der geschädigt oder zerstört wurde. Ein Auge ist wertvoller als ein Zahn. Mithin ist auch mehr dafür zu bezahlen.

---

1   Wolfgang Huber. Zur Freiheit berufen. Biblische Einsichten, Gütersloh 1996, 110.

Die Höhe der Entschädigung konnte einen sehr hart treffen. „Auge um Auge, Zahn um Zahn" meint also Entschädigung und Strafe zugleich. Das Prinzip gilt noch heute. Wer einen anderen schädigt, muss dafür aufkommen. Je nach Vergehen wird er auch dafür bestraft. Das „Auge um Auge, Zahn um Zahn" will also schon einen Ausgleich herbeiführen. Diese Forderung unterbricht bereits die Spirale von Gewalt und Gegengewalt.

Doch Jesus setzt noch einen drauf: „Wenn dich jemand auf die rechte Backe schlägt, dem biete die andere auch dar!" Die meisten Menschen sind Rechtshänder. Wer als Rechtshänder einem Menschen auf die rechte Backe schlagen will, muss es mit dem Handrücken tun. Der Schlag mit dem Handrücken galt in der Zeit Jesu als besonders entehrend. Die andere Backe hinzuhalten, tat darum niemand freiwillig. Ehre hin, Ehre her – ich für meinen Teil würde auch heute nach einer „Backpfeife" auf die linke Backe nicht auch noch die rechte Backe hinhalten. Vielmehr würde ich wohl entweder zurückweichen, mich ducken oder mich wehren und zurückschlagen. Mit diesem Verhalten bei einem tätlichen Angriff stehe ich nicht allein. Viele würden sich vermutlich ebenso verhalten.

„Auge um Auge, Zahn um Zahn", Strafe und Ausgleich, um es nicht zu einer Spirale von Gewalt und Gegengewalt kommen zu lassen – das leuchtet ein. Doch auf einen tätlichen Angriff mit einer Einladung zu erneuter Gewalt zu antworten, um weiterer Gewalt zu begegnen – das leuchtet zunächst gar nicht ein. Vielmehr ruft es eine Frage hervor: Kann es nicht geradezu geboten sein, mit Gewalt gegen Gewalt vorzugehen, um weitere Gewalt des Angreifers zu verhindern? Der tägliche Blick auf die Nachrichten über Gewalt und Gegengewalt legt das nahe. So bleibt die Feststellung: Die Bergpredigt greift über unsere Zeit hinaus.

III

„Wenn dich jemand auf die rechte Backe schlägt, dem biete die andere auch dar." Das ist und bleibt eine Zumutung. Der Reigen der Zumutungen geht noch weiter. Jesus nennt als Nächstes das Beispiel eines Pfändungsprozesses. Wer Schulden macht, haftet. Wer seine Schulden nicht mehr begleichen kann, zu dem kommt der Gerichtsvollzieher. Der sorgt dafür, dass der Gläubiger wenigstens ein Teil seines Geldes zurückbekommt. Ähnliches gab es schon zur Zeit Jesu. Wer Schulden hatte und sie nicht begleichen konnte, der musste Hab und Gut verpfänden. Ja, sogar wichtige Kleidungsstücke. Seinen Mantel bekam er abends aber immer zurück. Ihn brauchte er nämlich, um sich zuzudecken. Den Mantel zurückzubekommen, war das Recht eines jeden Schuldners. Und Jesus sagt nun: „Verzichte auf dein gutes Recht!"? Eine Zumutung!

Der Reigen der Zumutungen geht noch zwei Schritte weiter. Da ist zunächst der Frondienst, den jeder römische Besatzungssoldat einfordern konnte. Zur Zeit Jesu hatten die Römer in Palästina das Sagen. Das Marschgepäck der römischen Besatzungssoldaten war schwer. Wenn sie es nicht selber tragen wollten, konnten sie jederzeit einen Passanten zwingen, für sie den Lastesel zu spielen. Das war demütigend. Es machte deutlich, wie sehr die Juden unter den Römern zu leiden hatten. Und da sagt Jesus: „Und wenn dich einer nötigt, eine Meile mitzugehen, so geh mit ihm zwei." Mit anderen Worten: „Wenn du gezwungen wirst, jemandem anderen etwas Gutes zu tun – dann tu des Guten zu viel!" Das ist aber noch nicht die letzte Zumutung.

Die letzte im Reigen der Zumutungen Jesu ist die größte: „Ihr habt gehört, dass gesagt ist: ‚Du sollst deinen Nächsten lieben.‘ … Ich aber sage euch: Liebt eure Feinde und bittet für die, die euch verfolgen." Wenn Christen Anfeindungen und Verfolgungen ausgesetzt sind, sollen sie für die beten, die ihnen das Leben schwermachen. Mehr noch: Christen sollen ihre Feinde lieben. Wer mich bedroht, mir vielleicht sogar das Leben nehmen will – den soll ich liebend umarmen? Welch eine Zumutung!

IV

Der Reigen der Zumutungen Jesu ist also lang: Die Spirale der Gewalt will er durch absolute Gewaltlosigkeit durchbrochen sehen. Auf sein gutes Recht soll man verzichten. Selbst unter Zwang soll man des Guten zu viel tun. Für Verfolger soll man beten, ja, sogar seine Feinde lieben. Es fällt schwer, sich in diesen Reigen einzureihen. Keiner tanzt ihn leichtfüßig mit. Die Bergpredigt greift in der Tat weit über unsere Zeit hinaus.

Aber nun kommen die Zumutungen aus dem Munde Jesu. Christen stehen in seiner Nachfolge. Wie kann man die Zumutungen Jesu in ein christliches Leben im Hier und Heute übersetzen? Immer wieder hat es dafür Versuche gegeben. Die bekanntesten sind diese:

Die Forderungen Jesu in der Bergpredigt gelten nur für jene, die einem besonderen geistlichen Stand angehören, also für Mönche, Nonnen und Priester. Sie haben sich an die Forderungen der Bergpredigt zu halten. Für die „Normalsterblichen" reicht es, wenn sie die Zehn Gebote einhalten. Diese sogenannte Zwei-Stufen-Ethik stammt aus dem Mittelalter. Sie hat lange nachgewirkt. Noch in der Bundesrepublik gilt, dass katholische Priesteramtskandidaten von der allgemeinen Wehrpflicht ausgenommen sind. Wer seine Feinde lieben soll, von dem kann man nicht erwarten, dass er auf sie schießt. (Im Zuge der Gleichbehandlung wurden dann auch evangelische Theologiestudenten vom Wehrdienst befreit.)

Die zweite bekannte Auslegung der Bergpredigt stammt von Martin Luther. Er sagte: Als Christ und Privatperson habe ich mich an die Bergpredigt zu halten. Als Vertreter eines Amtes aber, muss auch ein Christ Macht gebrauchen und unter Umständen Gewalt einsetzen. Dann etwa, wenn es gilt, den Schwächeren zu schützen oder das eigene Land zu verteidigen. Als Privatperson jedoch habe ich als Christ auf Widerstand zu verzichten, Unrecht zu erleiden und unbedingte Liebe zu üben.

Wieder andere meinten, die Bergpredigt sei wie ein Spiegel, der uns vorgehalten wird. Die Forderungen Jesu sind nicht erfüllbar. Vollkommen wie unser Vater im Himmel können wir nicht sein. Gerade aber in den Zumutungen Jesu wird uns allen klar, dass wir selber Sünder sind. Wir sind darum alle auf Gottes Gnade angewiesen.

Noch andere sagen: Die Bergpredigt soll man nicht wörtlich nehmen. Ihr geht es darum, eine gute Gesinnung zu erzeugen. Ist die Gesinnung eines Menschen gut, kann er auch nur gut handeln. Und je besser die Gesinnung, desto besser wird die Tat.

All diese Auslegungen sind berechtigte Versuche, die Bergpredigt in unsere Zeit zu übersetzen. Sie wollen Antworten darauf geben, wie die Bergpredigt in unsere Zeit eingreift. Und doch werde ich den Verdacht nicht los, dass sie sich nicht so recht dem Reigen der Zumutungen Jesu aussetzen wollen oder können. Und in der Tat ist das schwer. Kann es gelingen, ganz in die Nachfolge Jesu zu treten?

V

„Mit allem haben wir gerechnet, nur nicht mit Kerzen und Gebeten. Sie haben uns wehrlos gemacht." Diese Worte stammen von Horst Sindermann. Er war der letzte

Vorsitzende des DDR-Ministerrates. Er sagte sie nach dem Fall der Mauer. Vieles kam damals zusammen. Ein marodes System, Menschen, die dieses System nicht länger ertragen wollten. Und besonnene Christen, die Schwerter zu Pflugscharen machen wollten. Das alles wirkte zusammen. Menschen beteten in den Kirchen für Frieden und Freiheit. Sie beteten für ihre Verfolger. Die bekamen das mit, denn die Stasi saß in den Kirchen. Nach den Montagsgebeten kam es zu friedlichen Demonstrationen. In Leipzig wurden Kerzen vor das Gebäude der Staatssicherheit gestellt und damit gesagt: „Wir wollen keine Gewalt!" Das alles atmete den Geist der Bergpredigt. Aus den Zumutungen Jesu erwuchs großer Mut.

Das ist nun schon alles wieder lange her. Doch wird daran deutlich, wie fruchtbar die Spannung sein kann, in die uns die Worte Jesu führen. Sie greifen über unsere Zeit hinaus und gerade dadurch in sie ein. Sie gelten so immer noch. Im Alltag können wir leicht die Probe aufs Exempel machen. Dieser Alltag ist vielfach bestimmt von Sätzen wie: „Man kann sich doch nicht alles gefallen lassen!" „Wie du mir, so ich dir!" „Jeder muss sehen, wo er bleibt!" Was würde sich in unserem Alltag ändern, wenn wir Christen die Worte Jesu einmal wörtlich nehmen? Uns von seinen Zumutungen zu einem anderen Verhalten ermutigen lassen? Jesus jedenfalls legt uns dieses andere Verhalten nahe. Er legt uns nahe, einen Unterschied zu machen, anders zu sein:

Gott „lässt seine Sonne aufgehen über Böse und Gute und lässt regnen über Gerechte und Ungerechte. Denn wenn ihr liebt, die euch lieben, was werdet ihr für Lohn haben? … Und wenn ihr nur zu euren Brüdern und Schwestern freundlich seid, was tut ihr Besonderes? Tun nicht dasselbe auch die Heiden? Darum sollt ihr vollkommen sein, wie euer Vater im Himmel vollkommen ist." Amen.

Vorschläge für das Predigtlied

EG 295,1–4   Wohl denen, die da wandeln
EG 395,1–3   Vertraut den neuen Wegen

Fürbittengebet

[Liturg(in):] Großer und allmächtiger Gott, du Gott des Friedens und der Liebe, dein Sohn Jesus Christus traut uns zu, so vollkommen zu sein wie du. Dafür brauchen wir deinen Beistand. Darum rufen wir zu dir und bitten:

[Liturg(in) und Gemeinde:] Herr, erhöre uns.

[Liturg(in):] Du Gott des Friedens und der Liebe, begrenze und beende die Konflikte in dieser Welt, die zwischen Nationen und Religionen herrschen und kein Ende nehmen wollen. Der Gewalt tritt entgegen, beschütze die Flüchtlinge, gib Obdach den Asylbewerbern, ermutige die Verzweifelten und Verfolgten, beschütze besonders die Kinder. Dein Beistand tut not. Darum rufen wir zu dir und bitten:

[Liturg(in) und Gemeinde:] Herr, erhöre uns.

[Liturg(in):] Du Gott des Friedens und der Liebe, besiege das Böse in der Welt, reiße Hass, Habgier und Hochmut aus den Herzen aller Menschen. Tritt entgegen allem, was die Erde zerstört, das Leben von Tieren und Pflanzen vernichtet. Uns alle mach bereit, die Würde aller Kreatur zu achten und dem Leben zu dienen, wo immer wir es können. Dein Beistand tut not. Darum rufen wir zu dir und bitten:

[Liturg(in) und Gemeinde:] Herr, erhöre uns.

[Liturg(in):] Du Gott des Friedens und der Liebe, erhalte die Lebendigkeit deiner Gemeinde, lass uns in Klarheit miteinander reden und einander in Geduld begegnen, in Gremien und Gruppen, in Partnerschaften und Familien, am Arbeitsplatz und in der Freizeit. Gib weiterhin Frieden und Freiheit in unserem Land, gute Regierung und kluge Entscheidungen, wo immer sie nötig sind. Dein Beistand tut not. Darum rufen wir zu dir und bitten:

[Liturg(in) und Gemeinde:] Herr, erhöre uns.

[Liturg(in):] Dir, dem Gott des Friedens und der Liebe, trauern wir. Deinen steten Beistand er-
bitten wir auf dem Weg zu deiner Vollkommenheit, denn dir allein gebührt der Ruhm und die
Ehre, dem Vater, dem Sohn und dem Heiligen Geist, jetzt und von Ewigkeit zu Ewigkeit. Amen.

Dieter Splinter

Gedenktag der Reformation

Matthäus 5,2–10 (11–12)

Liebe Gemeinde!

Ein spanischer Milliardär kaufte im Jahr 1999 einen ausrangierten Flugzeugträger der argentinischen Marine. Auf die Frage, warum er das gemacht habe, antwortete er: „Ich hatte noch keinen." Es muss schlimm sein, wenn man nicht weiß, wohin mit seinem Geld und seiner Zeit. Ein Fußball-, Baseball- oder anderes Sportteam zu erwerben, ist ja auch nichts Besonderes mehr und Standard unter den Superreichen. Eine ganze Fußball-Weltmeisterschaft zu kaufen, war eine neue Idee, ist jetzt aber auch schon alt. Da macht es Sinn, wenn ein Stinkreicher beim Vatikan anfragt, was eine Heiligsprechung kosten würde. Die Zeiten ändern sich: Im Evangelium kam ein reicher Jüngling zu Jesus und wollte wissen „Was muss ich *tun*, um ins Himmelreich zu gelangen?", heute wird die Frage leicht umformuliert in: „Was *kostet* das genau?".

50.000 Euro. Nein, Heiligsprechungen gibt es noch nicht bei Amazon, Ebay und Co., sondern nur über komplizierte Verfahrenswege. Kompliziert, aber transparent. Eine Menge Menschen sind damit beschäftigt zu entscheiden, wer heilig ist und wer nicht, Gutachten werden verfasst, Interviews geführt, Kommissionen gebildet. Geschätzte Gesamtkosten: 50.000 Euro. Für Ölmultis und Bankbesitzer ist das zwar ein Spottpreis, aber trotzdem nichts, denn man muss erst tot sein, dann selig gesprochen werden, nach dem Ableben mit einem weiteren Wunder in Verbindung gebracht werden und sowieso immer völlig tadellos gelebt haben. Etwas schneller geht es als Märtyrer oder Märtyrerin, da gibt es Ermäßigungen. Wer das alles geschafft hat, kommt zwar am Reformationstag nicht vor, aber morgen, an Allerheiligen, wird seiner oder ihrer gedacht, vielleicht eine Kirche nach dem Namen benannt oder ein Wallfahrtsort gegründet.

Vom dazugehörigen Merchandising hat der oder die Heilige aber nichts mehr: Es dauert Jahre nach dem Ableben, bis so eine Heiligsprechung durch ist. Eine ganz klare Investition in die Zukunft also – anders als der Flugzeugträger, den man jederzeit und sofort gebrauchen kann. Wobei sich hier die Frage stellt, ob Religion nicht *immer* eine Zukunftsinvestition ist? Genau das haben Kritiker den Religionen ja stets vorgeworfen: Reine Vertröstung seien sie, Vertröstungen auf das Jenseits, in dem alles besser sei, wenn man sich zu Lebzeiten nur anständig genug verhalten habe. Und der Grund, dass wir hier heute den Gedenktag der Reformation zusammen begehen, liegt ja darin, dass heute vor 498 Jahren ein Mönch in Wittenberg ein paar Thesen zur Diskussion stellte, dass man sein Ansehen vor Gott nicht kaufen kann. Und nicht zu kaufen *braucht*. Als er am nächsten Morgen in die Kirche ging, hörte er *den* Predigttext, den auch wir eben in der Evangelienlesung gehört haben, die sogenannten Seligpreisungen.

Aber lesen gerade die sich nicht doch irgendwie wie eine Checkliste, um ins Himmelreich zu kommen? Selig sind die geistlich Armen, die da Leid tragen, die Sanftmütigen, die da hungert und dürstet nach der Gerechtigkeit, die Barmherzigen, die reinen Herzens sind, die Friedfertigen, die um der Gerechtigkeit willen verfolgt werden, die Verschmähten und Verfolgten. Mindestens die Hälfte dieser Liste klingt nicht sehr erstrebenswert. Jeweils gefolgt vom Nachsatz, dass das schon wird, im und mit dem Himmelreich klappt das schon.

Das Prinzip „Bares gegen Seelenheil" hat Luther abgeschafft, was oft übersehen wird und weit darüber hinausgeht, aber ebenfalls: „Irgendwas gegen Seelenheil" – das funktioniert nicht. Weil es unnötig ist. Weil wir erlöst *sind*. Auch, sogar und erst recht dann, wenn es sich nicht so anfühlt. So, und meiner Meinung nach *nur* so, lassen sich die Seligpreisungen dann lesen. „Selig sind die Leidtragenden" wird pervertiert, wenn es als Aufforderung gelesen wird: Leide, dann wirst du selig. Es kann nur heißen: Auch dann, wenn du leidest, bist du selig, vielleicht tröstet dich das. Und *ob* mich das dann tröstet, das muss ich in der konkreten Situation schon selbst entscheiden, das kann mir keiner andichten.

Es gibt eine Kirche in Israel, ein Neubau von 2005, die man über eine Reihe von Stufen erreichen kann. Auf diesen Stufen sind in drei Sprachen, Hebräisch, Arabisch und Englisch, die Seligpreisungen eingemeißelt. Das sieht hübsch aus und ist total falsch. Ich muss nicht erst die Selig-Stufen erklimmen, um Gott näherzukommen. Nicht ganz so eindeutig ist es in einer anderen Kirche, ein Kuppelbau, und rund um die Kuppel sind Fenster eingelassen mit den Seligpreisungen. Auch das kann zu Missverständnissen führen – und zu Nackenschmerzen, denn man muss sich ganz schön den Kopf verrenken, um alle lesen zu können, Schwindelgefühl inklusive.

Ich weiß nicht, ob es einen entsprechenden Kirchenbau gibt, aber schön fände ich es, wenn auf Augenhöhe Fenster von drinnen nach draußen mit den Seligpreisungen beschriftet wären. Mit klarem Blick nach draußen. Dann könnte ich vom Altarraum „selig" auf das Leben draußen blicken, und draußen hätte ich das „selig" als Verheißung im Rücken.

Was geschehen kann, wenn jemand meint, den Weg ins Paradies kartographieren zu können, wird immer wieder schmerzlich deutlich. Meist endet es mit Gewalt und Terror, psychischer Gewalt gegen Einzelne oder großflächigem Jihad. Hinter der reformatorischen Erkenntnis der Unmittelbarkeit zwischen jedem Einzelnen und Gott darf es darum kein Zurück geben. Deswegen feiern wir heute den Reformationstag, und morgen eben nicht Allerheiligen. Es gibt keine Stellvertretung in Glaubensdingen. Und damit auch keine Rezepte, Königswege oder Gesetze.

In Bad Homburg gibt es eine Straße, an der drei Säulen stehen: Auf der einen steht „Die Wahrheit ist dem Menschen zumutbar", ein Zitat von Ingeborg Bachmann, auf der zweiten etwas vom Philosophen Karl Popper, „Der Versuch, den Himmel auf Erden zu verwirklichen, produziert stets die Hölle", und auf der dritten das Datum „30. November 1989". Das Kunstwerk steht an dem Ort, an dem der Bankier Alfred Herrhausen an jenem Tag durch eine Sprengfalle getötet wurde. Für eine bessere Welt.

Menschen, die meinen, in den Himmel hinaufklettern zu müssen, irren. Menschen, die meinen, das Paradies auf die Erde holen zu müssen, irren, ganz egal, ob sie sich dabei auf irgendein höheres Prinzip berufen oder auf Gott und seine Gebote. Wie sanftmütig oder gewalttätig das Paradies hergestellt werden soll, ändert ebenfalls nichts daran: Wir stehen mit leeren Händen vor Gott. Wer meint, das ändern zu können, betrügt im günstigsten Fall sich selbst, im ungünstigsten reißt er andere mit ins Elend oder gar den Tod. Diejenigen, die in den Seligpreisungen aufgezählt werden – das ist eine wirklich armselige Truppe. Das sind die Verlierer, die, die sich nicht durchsetzen können, und die, die wirklich nichts zu melden haben.

Und genau das sind die, denen das Himmelreich gehört, die getröstet werden, die das Erdreich besitzen werden, die satt werden, die Barmherzigkeit erlangen, die Gott schauen, die Gottes Kinder heißen. Mehr geht nicht. Amen.

Vorschläge für das Predigtlied

EG RWL 664   Wir strecken uns nach dir

EG 307   Selig sind, die da geistlich arm sind

Fürbittengebet

Herr, unser Gott,

du hast uns erschaffen, erhältst uns und erlöst uns. Dafür danken wir dir. Du hast uns zur Freiheit berufen, und doch missbrauchen die Menschen deinen Namen, um andere zu knechten.

Wir bitten dich für die Christinnen und Christen vor Ort: Öffne uns den Weg zu dir über konfessionelle Grenzen hinweg.

Wir bitten für die Kirchen in unserem Land: Führe sie weiter auf dem Weg der versöhnten Verschiedenheit. Hilf uns, die Vielfalt zu pflegen, wo sie dem gemeinsamen Lob deines Namens nicht im Wege steht.

Wir bitten dich für die Religionen weltweit: Lehre uns Toleranz und Neugier, denn so individuell wie die Menschen sind die Wege zu dir.

Du bist, wie du bist: Schön sind deine Namen. Gemeinsam beten wir mit der gesamten Christenheit

Vater unser

Sebastian Kuhlmann

22. Sonntag nach Trinitatis

Matthäus 18,21–35

I

Liebe Gemeinde!

Petrus möchte es wieder einmal genau wissen. Er möchte Sicherheit. Sicher – vergeben sollen wir, die wir Jesus nachfolgen. Aber wie oft? Petrus möchte da nichts falsch machen. Er möchte da nicht zu wenig machen. Und nicht zu viel. Vergeben ist wichtig, Vergeben ist oft nötig. Vergeben ist lebenswichtig, ohne Vergebung kein gedeihliches Miteinander, kein Leben mit der Achtung, der Nähe, der Liebe, die Gott für uns möchte. Petrus möchte dem Anspruch Jesu genügen. Und das möchte ich auch.

Da trat Petrus zu ihm und fragte: Herr, wie oft muss ich denn meinem Bruder, der an mir sündigt, vergeben? Genügt es siebenmal?

II

Wie oft – Petrus fragt nach dem, was genügt, was ausreichend ist, was in der Sprache der Schulnoten eine Vier ist. Jesus will aber eine Eins. Jesus will das, was die Erwartungen und die berechtigten Ansprüche weit übersteigt. Jesus will, dass mit uns mehr geschieht, als wir können und wollen; siebenmal können wir noch überblicken, siebzigmal siebenmal übersteigt unseren Horizont. Jesus macht aus uns seine Jünger, die Vergebung leben, nicht Vergebung zählen. *Wie oft* – wer fragt, wann er aufhören kann, will wohl kaum anfangen, will jedenfalls wissen, dass sein Tun begrenzt ist. Wer so fragt, möchte „mit beschränkter Haftung" leben, der möchte sich eine Beschränkung vorbehalten.

III

Wir haben es eben in der Evangelienlesung gehört: Schuld drückt. Bin ich einem anderen etwas schuldig geblieben, belastet mich das. Und manchmal scheint die Schuldenlast ins Unermessliche zu wachsen. Zentnerschwer scheint sie zu sein, hundert, tausend, zehntausend Zentner schwer. Und zwar aus Silber. Das kostet heute etwa zweihundert Millionen Dollar. Das kann niemand zurückzahlen. Wir erleben Schuld, die kann niemand begleichen, ausgleichen, bereinigen. Wir erleben Schuld, die kann nur vergeben werden. Laden Menschen Schuld auf sich, leben sie davon, dass jemand ihre Ausweglosigkeit wahrnimmt.

Schuld drückt. Und dieser Druck wird weitergegeben. Nicht nur der Schuldige, der Schuldner ist darin heillos und ausweglos verstrickt. Auch Menschen, die er liebt, sind betroffen von den Folgen. Menschen, für die er sorgen möchte, verfallen dem gleichen Schicksal wie er. Kinder, die heute unser Leben reich machen und uns morgen versorgen, bringt er um ihre Zukunft. Das erfahren Strafgefangene bei uns auch, das bedrückt sie: Ihre Lieben haben unter ihrer Haft zu leiden.

Bedrückt steht der Knecht vor dem König, niedergeschlagen. Aufschauen kann er nicht. Er weiß nicht, wie der König ihn ansieht. Er will es auch nicht wissen. Finster, befürchtet er. Und die Entscheidung hört er wie von ferne, versteht kaum die Worte, weiß nur dies, dass er so nicht leben kann. Er vergisst sich, vergisst seine Würde, und findet sich auf dem Boden wieder. Nicht um Schuldenerlass bittet er, sondern um Geduld. Ich schaffe das schon noch! Eine Fehleinschätzung, die ich teile: Selbst wenn mich eine Schuld drückt, zu Boden drückt, glaube ich immer noch, die Sache regeln zu können. Ich brauche nur noch etwas Zeit.

Der König weiß es besser: Mehr Zeit wird die Schuld nicht abtragen helfen. Schuld ist Vergangenes, das nicht vergehen kann. Geduld ist darum nicht erforderlich. Es geht nicht um eine Menge Zeit, sondern um einen Zeitpunkt: Ein Neuanfang muss geschehen. Erforderlich ist Erbarmen, das sich an Neuanfängen freut. Denn im Neuanfang können wir das Alte hinter uns lassen. Im Neuanfang werden wir frei vom Vergangenen, auch vom Vergangenen, das nicht vergehen kann.

IV

Das Erbarmen bemächtigt sich eines Menschen. Der tut, der muss tun, was die Erwartungen, die Bitten seines Gegenübers übersteigt. Für den Kirchenlieddichter Arno Pötzsch ist das ein Merkmal Gottes: „über Bitten und Verstehen" gewährt uns der Erbarmende Gutes, gewährt er uns Vergebung (EG 224,3; 408,3). Im Alten Testament erzählt der Prophet Hosea von Gott, wie schmerzhaft das Erbarmen ist – es ist, als ob sich das Herz im Leibe umdreht (Hosea 11,8).

Das Erbarmen bemächtigt sich eines Menschen. Der tut, der muss tun, was er sich womöglich nicht gut überlegt hat. Einem Schuldner die Schulden erlassen, auf alle berechtigten Forderungen verzichten, das mag zwischen zwei Menschen ausnahmsweise einmal möglich sein. Aber die Logik des Geldes wird unterlaufen, das System wird gestört. Finanzielle Ordnung kann es nur geben, wenn alles kalkulierbar ist. Überraschungen und Abweichungen sind gefährlich. Hier gilt ehern: Schulden müssen Schulden bleiben. Barmherzigkeit ist kaum eine Tugend von Bankleuten, ein Schuldenerlass in ihren Augen Unfug. Unser Staat allerdings hat – gewiss nicht ohne den Einfluss biblischer Tradition – die Möglichkeit einer Privatinsolvenz geschaffen: Verschuldete können ihren Schuldenberg loswerden und finanziell neu anfangen. Das ist Barmherzigkeit in unserem Bürgerlichen Gesetzbuch.

V

Wie anders der Knecht geht, als er gekommen ist! Gesenkter Blick vorhin, jetzt erhobenes Haupt – ein wenig ungläubig und schüchtern noch. Belasteter Rücken vorhin, aufgerichtet jetzt. Hineingebracht mit harter Hand vorhin, freier Gang hinaus jetzt. Ruiniert, am Ende vorhin, an einem neuen Anfang jetzt.

Fühlst du dich wie neugeboren? Was wirst du deiner Frau sagen, was deinen Kindern? Du wirst ihnen endlich sagen müssen, dass du dich verstrickt hattest in Schulden und sie mit. Jetzt kannst du es ihnen endlich sagen. Weil du sagen kannst: Wir haben jetzt zwar nichts mehr, aber wir haben einander. Und miteinander haben wir Zukunft. Unsere Zukunft wird nicht verschlungen durch Verbindlichkeiten von gestern. Wir können frei leben.

VI

Vergebung zu empfangen, ist herrlich – Vergebung zu gewähren, schwer. Der Knecht erfährt es an sich. Er wird um Geduld gebeten, mit denselben Worten, die er selbst noch eben hat gegenüber dem König sprechen müssen. Und er macht, was sein Recht ist. „Er wollte nicht" geduldig sein – „er wollte nicht" barmherzig sein, wie es der König mit ihm gewesen ist. Ob er enttäuscht war über sich selbst? Oder fand er gute Gründe für sein Handeln? Er könnte mit Recht sagen, dass Schulden Schulden bleiben müssen. Und dass er das Geld braucht, gerade jetzt, wo er nichts mehr hat. Recht hat er – und handelt doch unrecht. Merkt er denn nicht den Widerspruch zwischen dem Erbarmen, dem Schuldenerlass, den er selbst gerade erlebt hat, und der Schuldenstundung, die er dem anderen verweigert? Sollte er so böse sein, so unverbesserlich? Wir Bibelleser merken es wie Petrus, der Fragesteller, und die Mitknechte im Gleichnis doch sofort: So geht es nicht! Und der König, der macht die Gleichung auf: „Hättest du dich nicht auch erbarmen sollen über deinen Mitknecht, wie ich mich über dich erbarmt habe?" Der König gibt dem Knecht die Quittung: Sein Erbarmen nimmt er im Zorn zurück, der Knecht muss ins Gefängnis und seine Schulden begleichen. Wie ein Glimmen des Erbarmens sehen wir immerhin, dass die Frau und die Kinder nicht in Schuldhaft müssen.

VII

Petrus möchte es genau wissen. Eine Zahl hat er erfragt, mit einem klaren Ja oder Nein gerechnet. Und Jesus erzählt ihm eine Geschichte, in der er es mit Zahlen und Werten maßlos übertreibt. Vielleicht ein freundlicher Spott Jesu? Petrus hört, wie in dieser Geschichte auch von ihm erzählt wird. Es geht nicht um eine Zahl oder um ein klares Ja oder Nein, es geht um ihn, seine Person, seine Haltung. Um mich, meine Person, meine Haltung. Vergebung kann nicht nach Häufigkeit oder der Höhe der Schuld bemessen werden. Siebzigmal siebenmal ist mein ganzes Leben. Jesus widerspricht dem, was wir denken: dass wiederholte Schuld böser ist, so wie unser Strafrecht Wiederholungstäter nicht mehr mit Bewährungsstrafen davonkommen lässt. Jesus widerspricht dem, was wir denken: dass es Schuld von unvorstellbarem Ausmaß gibt, die nicht vergeben werden kann.

So wird auch mein himmlischer Vater an euch tun, wenn ihr einander nicht von Herzen vergebt, ein jeder seinem Bruder.

Petrus möchte es genau wissen. Und Jesus zeigt ihm, wann unser Leben vor Gott gefährdet ist: dann nämlich, wenn wir widersprüchlich leben: im Widerspruch leben zwischen erfahrener und zu schenkender Barmherzigkeit, im Widerspruch leben zwischen der Vergebung, von der ich lebe und meine Lieben leben, durch die wir frei sind und Zukunft haben, und der Vergebung, die wir anderen verweigern. Diese Vergebung schulden wir dem anderen nicht, wohl aber Gott. Er will, dass es Vergebung gibt in unserem Leben. Vergebung – ein Ausweis dafür, dass wir Bürger sind im Reich Gottes. Amen.

Vorschläge für das Predigtlied

EG 417   Lass die Wurzel unsers Handelns Liebe sein

EG 355   Mit ist Erbarmung widerfahren

Fürbittengebet

Gott,

bei dir ist die Vergebung, dass man dich fürchte. Du vergibst, damit wir frei sind von Vergangenem. Du vergibst, damit wir frei sind für Kommendes. Gib uns deinen Geist, damit wir denen vergeben, die uns etwas schuldig bleiben, die an uns schuldig werden, gib uns deinen Geist, damit wir sie freilassen aus unserem Zorn.

Anderen geben wir die Schuld an unseren Problemen, wir nehmen ihnen Freiheit und Zukunft bei uns, wir verweigern ihnen Gemeinschaft mit uns. Denen, die uns zur Last fallen, denen, die uns fremd sind, denen, die schuldig sind, gib, dass wir Jesu Wort hören und sein Maß der Vergebung: siebzigmal siebenmal.

Mit unserer Barmherzigkeit wollen wir deine Barmherzigkeit vor den Menschen loben. Amen.

Karl Friedrich Ulrichs

Drittletzter Sonntag des Kirchenjahres

Lukas 17,20–24

Liebe Gemeinde!

„Große Ereignisse werfen ihre Schatten voraus", weiß eine allseits bekannte Redensart, und sie hat Recht. Wenn Sie an einem Samstagmorgen in einem Regionalzug sitzen und sich Ihr Wagon langsam mit gelb-schwarzen Schals oder blau-weißen Trikots füllt, dann ist dies ein untrügliches Zeichen dafür, dass die Bundesliga an irgendeinem Ort in ein paar Stunden wieder zur Höchstform auflaufen wird – und mit ihr Ihre Nachbarn im Regionalzug. Wenn Sie im September durch den Supermarkt schlendern und beim Herumstöbern in der Süßwareabteilung auf die ersten Dominosteine und Schokoladen-Nikoläuse stoßen, dann ist dies ein untrügliches Zeichen dafür, dass die gefühlten 25 Grad Außentemperatur nur eine relative Größe darstellen und die Adventszeit bald kommen wird beziehungsweise in den Köpfen der Schokoladenhersteller bereits süße Realität ist. Wenn in der Konfirmandenstunde die Blicke auf die Uhr häufiger und das Geraschel mit den Rucksäcken lauter wird, dann ist dies ein untrügliches Zeichen dafür, dass die Stunde sich ihrem Ende entgegenneigt und Gedanken und Sinne der jungen Leute sich schon längst auf etwas anderes ausgerichtet haben.

Große Ereignisse werfen ihre Schatten voraus. Das ist in unserem Alltag so und das war schon immer in dem Alltag von Menschen so. Aus diesem Grund verwundert es mich nicht, dass die Pharisäer im Evangeliumstext für den heutigen Sonntag eine ganz ähnliche Denkfigur im Blick auf das Kommen des Reiches Gottes vertreten. Da große Ereignisse nun einmal ihre Schatten vorauswerfen und dies schon bei Fußballspielen, Süßigkeiten oder dem Ende einer Konfistunde so ist, wie viel mehr muss dieser Grundsatz dann auch für etwas so Großes und Wichtiges wie das Reich Gottes gelten!

Doch wie so oft widerspricht Jesus dem gesunden Menschenverstand und beginnt seine Argumentation, ganz anders als es jeder angehende Pastor im Predigtkurs lernt, mit einer doppelten Verneinung: „Das Reich Gottes kommt nicht so, dass man's beobachten kann; man wird auch nicht sagen: Siehe, hier ist es! Oder: Da ist es!" Der scheinbar allgemeingültige Satz „Große Ereignisse werfen ihre Schatten voraus" gilt also nach Jesus nicht für das Kommen des Reiches Gottes. Gleich zu Beginn seiner Argumentation wehrt er sich dabei gegen zwei wesentliche Mechanismen, die wir in unserer Gesellschaft entwickelt haben, um uns davor zu schützen, von plötzlichen Ereignissen überrollt zu werden: erstens die wissenschaftliche Beobachtung und zweitens die politische Behauptung. Schauen wir uns beide Mechanismen einen Moment lang etwas genauer an.

Mit Hilfe der wissenschaftlichen Beobachtung versuchen wir Muster in der Umwelt zu beschreiben und wiederkehrende Strukturen zu analysieren, um beispielsweise den Ausbruch eines Vulkans, das Auftreten einer gefährlichen Virusepidemie oder den Verlauf eines Sturmtiefs vorherzusagen, so dass wir uns entsprechend darauf vorbereiten können. Wir haben als Gesellschaft diesen Mechanismus entwickelt, da er uns auf eine besonders nachhaltige Art und Weise beruhigt, denn es handelt sich hier ja um Wissenschaft, um pure Fakten, um ungeschönte Zahlen, um Aussagen, die keine andere Intention verfolgen als die Darstellung der nackten Wahrheit. Wenn unser Predigttext davon spricht, dass man das Kommen des Reiches Gottes nicht beobachten kann, dann ist damit genau dieser Mechanismus gemeint, denn das griechische Wort, das die Lutherbibel an dieser Stelle mit „beobachten" übersetzt, ist ein Fachausdruck der antiken Astronomie. Doch das Auswerten von Messdaten, das Erstellen von Verlaufsdiagrammen, die Analyse gesellschaftlicher Prozesse oder das Definieren von Normwerten trägt vielleicht etwas aus, um Fahrgäste vor dem unvergleichlichen Vergnügen einer mit Fußballfans vollgestopften Regionalbahn zu bewahren, bringt aber gar nichts im Blick auf die Bestimmung des Zeitpunktes des Kommens des Reiches Gottes – so zumindest Jesus in unserem Predigttext. Warum? Dazu kommen wir, nachdem wir uns den zweiten Mechanismus etwas genauer angeschaut haben: die politische Behauptung.

Die politische Behauptung ist im selben Regal zu finden wie die Schokoladen-Nikoläuse im September. Beide setzen eine Wirklichkeit, nicht weil diese bereits existiert, sondern weil ein bestimmter Wille existiert. Unsere Gesellschaft setzt auf die politische Behauptung immer dann, wenn ein Zustand schnellstmöglich erreicht werden soll, jede wissenschaftliche Beobachtung aber zu dem Ergebnis kommen würde, dass dieser Zustand noch lange nicht erreicht ist. Die politische Behauptung kommt beispielsweise zum Einsatz, wenn ein Waffenstillstand ausgerufen und damit Friede behauptet wird, obwohl an jeder zweiten Ecke, die eine halbwegs strategische Bedeutung besitzt, noch geschossen wird. Sie kommt zum Einsatz, wenn eine Finanzkrise für beendet erklärt wird, obwohl alle Akteure bereits munter so weitermachen wie vorher. Auf sie greift man gerne zurück, wenn man versichern will, keine Mauer bauen zu wollen, obwohl die Arbeiter in der Bernauer Straße schon damit beginnen, den Mörtel anzurühren. Die politische Behauptung will ideell einen Zustand herbeiführen, den es reell gar nicht gibt. Genauso wenig wie man das Kommen des Reiches Gottes wissenschaftlich beobachten kann, kann man es politisch behaupten – sagt Jesus. Nun kommen wir aber endlich zu dem Warum.

Das Kommen des Reiches Gottes kann nach Jesus weder wissenschaftlich beobachtet noch politisch behauptet werden, weil es zum einen bereits mitten unter uns beziehungsweise inwendig in uns ist – der griechische Urtext lässt dies in der Schwebe – und zum anderen in vollkommener Gestalt erst noch kommen wird: „Siehe, das Reich Gottes ist mitten unter euch" – das ist die eine Seite. „Denn wie ein Blitz aufblitzt und leuchtet von einem Ende des Himmels bis zum anderen, so wird der Menschensohn an seinem Tage sein" – das ist die andere Seite. Das Reich Gottes hat also mehrere Eigenschaften, die sich gegenseitig widersprechen: Das Reich Gottes ist in den Menschen zu finden, das heißt in ihrem Denken, in ihrem Fühlen, in ihrer Einstellung dem Leben, der Welt und Gott gegenüber, es ist gleichzeitig unter den Menschen, also zwischen ihnen, in der Begegnung des einen mit dem anderen, in der Qualität ihrer Beziehung zueinander, und das Reich Gottes ist gleichzeitig etwas, das in voller Gestalt überhaupt noch nicht da ist, ja das eines Tages plötzlich eintreten wird, wenn Christus zurückkehren wird. Kein Wunder also, dass man etwas weder wissenschaftlich beobachten noch politisch behaupten kann, das zwar schon da ist, aber irgendwie dann doch noch nicht, das in jedem Einzelnen von uns zu finden ist und sich doch erst im Miteinander verwirklicht.

Was trägt das für unser Leben aus? Ich glaube, Jesus macht uns Mut, auf den Versuch hin zu leben und einfach einmal so zu tun, als wäre das Reich Gottes schon da. Als wäre das Reich Gottes bereits mitten in mir, mitten in meinen Beziehungen, mitten in, neben und um die Bruchstücke. Den Wert des Christentums kann ich nicht daran messen, wie viele meiner Mitreisenden im Regionalzug wohl noch das Glaubensbekenntnis aufsagen könnten, sondern daran, was die Begegnung mit Gott an meiner Art und Weise verändert hat, die Welt wahrzunehmen und meinen Mitmenschen zu begegnen. Gelingt dies, dann könnte aus dem Versuch ein Erfahren, aus dem Tun-als-Ob ein konkretes Handeln und aus dem Probieren ein Realisieren werden – umgriffen von der Hoffnung, dass Gott eines Tages sein Reich in einer umfassenden Weise errichten und all das, was wir nur als unvollständig erleben, vollenden wird. Amen.

Vorschläge für das Predigtlied

EG 154	Herr, mach uns stark
EG 149	Es ist gewisslich an der Zeit

Fürbittengebet

[Liturg(in):] Gott,

für alle, die sich nach Veränderungen in ihrem Leben sehnen, bitten wir dich:

[Liturg(in) und Gemeinde:] Dein Reich komme.

[Liturg(in):] Für alle, die sich nach Zeichen deiner Gegenwart sehnen, bitten wir dich:

[Liturg(in) und Gemeinde:] Dein Reich komme.

[Liturg(in):] Für alle, die auf dein Eingreifen warten, bitten wir dich:

[Liturg(in) und Gemeinde:] Dein Reich komme.

[Liturg(in):] Für alle, die unter Gewalt und Ungerechtigkeit leiden, bitten wir dich:

[Liturg(in) und Gemeinde:]: Dein Reich komme.

[Liturg(in):] Für alle, die sich nach deinem Kommen sehnen, bitten wir dich:

[Liturg(in) und Gemeinde:]: Dein Reich komme.

Christian Plate

Vorletzter Sonntag des Kirchenjahres

Matthäus 25,31–46

I

Liebe Gemeinde![1]

Im Weltbild der meisten Menschen kommt ein Weltenrichter oder ein Weltgericht nicht mehr vor. So lese ich es in meinem Kommentar. So erfahre ich es in meiner Kirche. Ausgenommen vielleicht in sehr frommen Kreisen. Da ist es anders. Ansonsten breitet sich ein großes Schweigen aus um den, der kommen wird, zu richten die Lebenden und die Toten.

Wenn das aber so ist, wenn uns die Frage nach dem Gericht kaum mehr berührt, warum berührt uns dann dieser Text? Warum gehört er zu denen, die uns noch richtig unter die Haut gehen können? Ich erlebe das jedes Mal so, wenn ich ihn als Lesung höre. Danach bin ich erst einmal still und nicht nur ich allein. Und wenn ich in mich hineinhorche, dann ist da eine große innere Unruhe, und dann höre ich mein eigenes pochendes Herz: „Rechts oder links, rechts oder links" – scheint es mich zu fragen. Ich kann mich dieser Geschichte und ihrer Wirkung einfach nicht entziehen.

Offensichtlich lebt in mir eben doch die Angst, es könnte dieses Gericht tatsächlich geben. Und zwar nicht nur für andere, sondern auch für mich. Und vielleicht weiß ich es ja doch in der Tiefe meines Herzens, auch wenn ich es sonst verdränge: Scheiden muss sein, auch wenn es weh tut. Nur: Schmerz und Angst steigern nicht die Fähigkeit zu hören. Und so schlage ich Ihnen jetzt vor, die Angst vor dem Schmerz wenigstens für kurze Zeit einmal beiseitezulegen, um zu erfahren, was dann geschieht. Vergessen wir also einmal unsere Angst. Achten wir auf das, was wir dann hören.

---

1 Abdruck mit freundlicher Genehmigung von Heinz Janssen: Erstveröffentlichung im Heidelberger Predigt-Forum, www.predigtforum.de, hg. v. Heinz Janssen.

II

Ich höre: Herrlichkeit. Wenn der Menschensohn in seiner Herrlichkeit kommt und alle Engel mit ihm, dann wird er sich setzen auf den Thron seiner Herrlichkeit. Der Herr der Herrlichkeit. Woran erinnert Sie das? Mich erinnert das an den ersten Advent. Da singen wir es ganz fröhlich: Macht hoch die Tür, die Tor macht weit, es kommt der Herr der Herrlichkeit.

Sicher, am ersten Advent setzt sich Jesus nicht auf seinen Thron. Da setzt er sich auf einen Esel. Aber ist der, der auf dem Thron sitzt, nicht derselbe, der einmal auf dem Esel geritten ist? Weshalb sollten wir am vorletzten Sonntag des Kirchenjahres es nicht auch ganz fröhlich hören? Dieses: Es kommt der Herr der Herrlichkeit? Ja, er setzt sich auf seinen Thron. Er übt das Richteramt aus. Ist das nicht das Beste, was uns passieren kann? Wollten wir einen anderen da haben? Einen anderen als den Herrn der Herrlichkeit? Nein, es ist schon gut so, wie es ist. Wenn überhaupt einer, dann soll er uns richten.

III

Und er wird sie voneinander sondern wie der Hirt die Schafe von den Ziegen sondert. Jetzt nicht zurückfallen in die Angst. Scheiden muss sein. Gericht muss sein. Wir sagen es doch oft selbst: Man muss die Geister voneinander scheiden. Gnadenlosigkeit und Härte müssen doch einmal ausgeschieden werden, damit Herzlichkeit und Wärme so richtig zum Zug kommen. Was gibt es nicht alles für Geister, von denen wir gerne frei wären.

Nun weiß ich: Hier werden nicht Geister geschieden. Hier werden Menschen geschieden. Die Barmherzigen von den Unbarmherzigen, die Nahbaren von den Unnahbaren. Offensichtlich hängen die Geister an den Menschen. Das hat etwas Schreckliches. Trotzdem: Halten wir es fest. Es ist gut, dass die Geister geschieden werden. Wer von uns wollte auf ewig in einer hartherzigen Gesellschaft leben? Dann doch lieber so. Scheiden muss sein, auch wenn es weh tut.

Das Kriterium für die Scheidung? Hungrig war ich – ihr habt mir zu essen gegeben. Durstig war ich – ihr habt mich getränkt. Fremdling war ich – ihr habt mich aufgenommen. Nackt – und ihr habt mich bekleidet. Krank war ich – und ihr habt nach mir gesehen. Im Kerker war ich – und ihr seid zu mir gekommen. Wenn wir das hören, können wir doch eigentlich aufatmen. Da wird kein Hexenwerk verlangt. Nur das ganz Elementare. Keine Ausbildung, kein Zeugnis, kein besonderer Intelligenzquotient ist nötig. Sondern einfach nur Barmherzigkeit. Der Weg in den Himmel ist nicht gepflastert mit Unmöglichem. Und wieder fällt mir die Ähnlichkeit mit den Adventsstrophen auf. Sein Königskron ist Herrlichkeit, sein Zepter ist Barmherzigkeit, all unsre Not zum End er bringt, derhalben jauchzt mit Freuden singt …

IV

Ich möchte uns nichts vormachen. Natürlich ist das so eine Sache mit der Barmherzigkeit. Wir wissen aus Erfahrung, wie schwer das ist. Darüber brauchen wir uns nicht zu unterhalten. Wir wissen aber auch, wie schön das ist und wie unendlich wertvoll für unser Leben. Erinnern Sie sich nur einmal daran, wie das war, als Sie krank waren und dann kam einer oder eine und hat Sie besucht. Ging da nicht für Sie der Himmel auf? Barmherzigkeit empfangen – Barmherzigkeit geben, wie schön wird das Leben dadurch. Das ist doch gar keine Frage.

Und nun heißt es: *Was ihr einem unter diesen meinen geringsten Brüdern und Schwestern getan habt, das habt ihr mir getan.* Noch einmal heißt es staunen. Was für ein menschliches Maß. Einem Menschen helfen. Für einen Menschen wirklich da sein. Einmal im Leben. Das sollte doch zu schaffen sein. Und noch einmal heißt es staunen. Die Seliggepriesenen wissen gar nichts von ihrem Tun. Sie haben, was sie taten, einfach so getan. Weil sie es wollten und weil es an der Zeit war und in diesem Moment das einzig Richtige. Sie haben nicht spekuliert auf Lob oder Lohn. Sie haben, was sie taten, einfach so getan.

Für die, denen sie geholfen haben, war das vielleicht das Allergrößte. Um ihrer selbst willen war der andere für sie da. Sie waren nicht Mittel für einen höheren Zweck. Sie waren einfach nur hungrige, durstige, zutiefst bedürftige Menschen. Der andere hat das erkannt und das war ihm genug zu helfen. Wer von uns wollte nicht so geliebt werden? Einfach nur so, um seiner selbst willen. Gehören wir nicht auch zu den Menschen, die in der Tiefe unseres Herzens Angst haben, verzweckt zu werden?

Folgt ein letztes Staunen. Wie hoch achtet der Herr die Armen. Hinter ihnen steht er selbst. Aus ihren Augen schaut er uns an. *Was ihr einem unter diesen mei-*

nen geringsten Brüdern und Schwestern getan habt, das habt ihr mir getan. So hoch achtet der Herr die Armen.

V

Und nach so viel Staunen jetzt das Erschrecken: nur einem Menschen wirklich helfen. Was, wenn wir das nicht getan haben? Jämmerlich wäre das und schrecklich. Und was, wenn wir das Elementare verweigert haben? Den Hunger nicht gestillt, das Glas Wasser nicht gereicht, die Blöße nicht bedeckt haben? Was, wenn wir den Fremden abgeschoben haben und den Besuch verschoben haben? Es wäre ganz einfach grausam. Wir wären grausam. Und was, wenn wir den Armen gering geachtet haben? Wenn wir einfach nicht sehen konnten, dass durch seine Augen Gott selbst nach uns rief?

Ich höre lieber auf. Es packt mich die Ahnung: Es könnte uns so ergehen, wie es den Jüngern in der Passionsgeschichte ergeht. Die schlafen oder sind einfach nicht da, als der Herr sie gebraucht hat. Was nun? Was, wenn es das Gericht doch gibt? Gibt es etwas, was wir jetzt tun können, um dann zu bestehen? Ich bin mir nicht sicher. Aber zwei Überlegungen stimmen mich zuversichtlich.

Die eine: Es ist nicht unmöglich, mir nicht und Ihnen nicht, sich in der Aufmerksamkeit des Herzens zu üben. Den Geringen um seiner selbst willen zu achten und den Bedürftigen zu schützen, in dieser Haltung können wir uns üben. Wir werden dann wahrscheinlich immer noch Fehler machen, hier und da unaufmerksam sein und bleiben. Aber wir werden uns nicht vorwerfen müssen, es nicht versucht zu haben.

Das andere: Wann haben wir dich hungrig oder durstig oder fremd oder nackt oder krank oder im Kerker gesehen und haben dir nicht gedient, fragen die Unglückseligen. Und werden verworfen. Mir leuchtet das ein. Wann habe ich, frage ich, wenn ich mich rechtfertigen möchte, wenn ich nach den Indizien frage, wenn ich hoffe, doch noch ein Schlupfloch zu finden.

Ich glaube, es wäre besser, all das sein zu lassen. Anzuerkennen, was ist. Und einfach nur zu bitten: Herr, erbarme dich. Zu seinen Erdenzeiten hat sich Jesus diesem Ruf nie verschlossen. Und wenn er auch jetzt auf dem Thron sitzt – er bleibt doch der, der auch auf dem Esel saß und von dem wir singen: *Er ist gerecht, ein Helfer wert, Sanftmütigkeit ist sein Gefährt, sein Königskron ist Heiligkeit, sein Zepter ist*

Barmherzigkeit, all unsre Not zum End er bringt, derhalben jauchzt, mit Freuden singt: Gelobet sei mein Gott, mein Heiland groß von Tat. Amen.

Vorschläge für das Predigtlied

EG 6,1–5   Ihr lieben Christen freut euch nun

EG RWL 667   Wenn das Brot, das wir teilen, als Rose blüht …

Fürbittengebet

[Liturg(in):] Herr, unser Gott,

wer wird uns retten am Tag des Gerichts, wenn unserer Versäumnisse uns anklagen, unsere verpassten Gelegenheiten vor uns stehen, unsere Trägheit, unsere Blindheit, unsere Schuld? Hilf uns zu glauben, dass es dein Christus ist. Lass uns ihn um Erbarmen bitten und darauf vertrauen, dass seine Barmherzigkeit größer ist als sein Gericht. Lass uns ernst nehmen, dass deine Barmherzigkeit größer ist als dein Gericht. Wir rufen zu dir:

[Liturg(in) und Gemeinde:] Herr, erhöre uns.

[Liturg(in):] Gnädiger Gott, nur einmal im Leben da sein, wo wir wirklich gebraucht werden, nicht davonlaufen, nicht die Augen verschließen und nicht die Ohren. Es klingt so einfach und ist doch so schwer. Öffne unsere Augen, Ohren, unser Herz. Wir rufen zu dir:

[Liturg(in) und Gemeinde:] Herr, erhöre uns.

[Liturg(in):] Herrlicher Gott, wir bitten dich für alle, die wissen, dass das, was sie tun und planen, böse ist, für alle, die sich freuen am Schmerz der anderen, für alle, die es für sich brauchen, andere zu quälen. Wie wünschen ihnen nicht die Hölle, aber dass deine Warnungen sie erreichen, darum bitten wir dich. Wir rufen zu dir:

[Liturg(in) und Gemeinde:] Herr, erhöre uns.

[Liturg(in):] Großer Gott, diese Welt, deine Welt, unsere Welt ist nicht so, wie sie sein soll. Gestalte sie nach deinem Willen, damit dein Reich kommt und auch durch uns Hungrige zu essen bekommen, Kranke die nötige Hilfe und die Toten einen Abschied in Frieden. Dir befehlen wir sie an. Wir rufen zu dir:

[Liturg(in) und Gemeinde:] Herr, erhöre uns.

[Liturg(in):] Und in der Stille nennen wir dir die Namen und Anliegen die uns heute besonders bewegen:

[Stille]

Amen.

Eva Böhme

Buß- und Bettag

Lukas 13,6–9

[1. Spielraum für Fantasie]

Liebe Gemeinde!

Kino im Kopf. Wie ein Film läuft die Geschichte ab, die Jesus erzählt. In meinem Kopf sehe ich die Bilder vor mir. Panoramaschwenk über einen Weinberg, die Kamera verweilt genießerisch auf einem Meer von blühenden Pflanzen. Grüne Blätter, reiche Traubenklötze, fette Feigen. Das Auge mag sich gar nicht sattsehen. Doch da, mitten in der Schöpfungspracht, verbirgt sich verschämt ein verhutzelter kleiner Baum. Die Kamera nimmt ihn unbarmherzig in den Fokus. Und da ist nichts, was dem Auge wohltut. Kein Blatt, keine Frucht. Nur dürres Geäst und lebloses Holz. Mitleiderregend recken sich kahle Zweige Richtung Himmel. Selbst die Kamera hält das nicht mehr aus und wandert weiter.

Zwei Personen kommen in den Blick. Der eine im Chefdress, der andere in Gärtnermontur. Sie gestikulieren und diskutieren. Hier ist Gefühl im Spiel. Der Chef zeigt auf den Baum und winkt ab. Der Chef will sich umdrehen und gehen. Für ihn ist die Sache klar. Ein Baum unter Hunderten. Ein Baum, der nichts bringt. Mach ihn um, den Baum. Er kostet nur Geld und bringt keinen Ertrag. Was soll's. Der andere macht einen Schritt nach vorne, packt den Chef am Ellenbogen, zeigt auf den Baum. Ein Jahr noch, signalisiert er mit seinem Daumen. Ein Jahr noch will ich mich mühen und um diesen Baum ringen. Der Chef will sich losreißen, besinnt sich dann aber, hebt den Daumen. Ein Jahr. Letzte Chance für diesen Baum.

Mein Kino im Kopf lässt ein Jahr vorübergehen. Im Zeitraffer wechseln die Tageszeiten, die Jahreszeiten. Schließlich bleibt die Kamera stehen, zeigt einen blitzblauen Himmel. Langsam fährt sie Richtung Erde, der Weinberg kommt in den Blick. Prächtig und blühend wie ehedem. Mein Auge sucht nach dem verhutzelten Baum, findet ihn nicht. Und in diesem Moment endet der Film. Die Leinwand wird dunkel. Verdutzt sitze ich im Kinosessel meines Lebens, verwirrt höre ich diese Geschichte am Buß- und Bettag.

[2. Spielraum für Irritation]

Eine Geschichte mit offenem Ende. Ob es eine Geschichte mit glücklichem Ausgang ist oder ob am Ende die Axt steht – wer weiß? Und ich wüsste es wirklich gern. Nicht aus Neugier, sondern aus Eigeninteresse. Natürlich aus Eigeninteresse. Denn Jesus Christus erzählt mit seiner Geschichte die Geschichte meiner Welt. Um uns geht es. Um die Menschen geht es. Mit ihren fruchtbaren und ihren öden Momenten, mit den kahlen Stellen und den zarten Knospen. Jesus erzählt mir von einem Weinberg. Aber eigentlich erzählt er von mir und Ihnen und allen anderen Menschen. Blühende Bäume und kräftige Weinstöcke sollen wir sein, aber unter Umständen sind wir eben doch verhutzelte Feigenbäume. Deshalb gäbe ich wirklich viel darum zu wissen, wie die Geschichte ausgeht, wie es am Ende um mich steht.

Aber das ist die erste und womöglich wichtigste Botschaft unserer Predigtgeschichte. In diesem Leben erfahren wir nicht, wie es ausgeht. Kein Happy End, das uns einlullt. Aber auch kein Schreckensszenario, das uns lähmt. Mit dieser Geschichte wird kein Urteil gesprochen, bei dem sich Türen öffnen oder schließen. Mit dieser Geschichte wird ein Raum eröffnet. Ein Raum zum Nachdenken, Nachsinnen, In-sich-Gehen. Mein Leben im Weinberg Gottes. Gesunde Verunsicherung, heilsame Irritation. Ich lasse mich ein auf diesen Raum, lasse mich ein auf die Bilder dieser Geschichte. Und damit rückt das Ende erst einmal wieder in den Hintergrund. Weil es zunächst um einen Feigenbaum, einen Gärtner und einen Weinbergbesitzer geht.

[3. Spielraum für Identifikation]

Beginnen wir mit dem Feigenbaum. Dem fruchtlosen Feigenbaum. Dem armen Feigenbaum. Er ist einer von vielen, aber irgendetwas stimmt nicht mit ihm. Er bekommt dieselbe Pflege wie alle anderen Feigenbäume, er hat dieselben Rahmenbedingungen wie alle anderen Pflanzen in diesem Weinberg. Und doch bleibt er kahl und dürr, bringt keine Frucht. Er erfüllt nicht den Zweck, für den er geschaffen ist. Seiner eigentlichen Aufgabe kommt er nicht nach, ist alles in allem eine Fehlinvestition. Aber kann er etwas dafür? Ist es wirklich seine Schuld, dass er nichts bringt? Geht es überhaupt um Schuld?

In unserem Leben geht es oft um Schuld. Da landen Menschen im Abseits des Lebens, und sofort stellen andere die Schuldfrage. Sind die Rahmenbedingungen verantwortlich? Eltern, Schule, Gesellschaft? Konnte dieser Baum gar nicht blühen und gedeihen, weil Boden, Wind, Sonne, Regen nichts getaugt haben? Oder liegt es doch an dem Baum selbst? Liegt es in den Genen, wenn einer hinter seinen Möglichkeiten zurückbleibt und seine Freiheit, sich zum Guten zu entscheiden, nicht nutzt? Woran liegt es, wenn Menschenleben in Schieflage geraten? Wo finde ich die Schuld? Oder muss ich das gar nicht?

Unsere Geschichte lässt auch diese Fragen völlig offen. An keiner Stelle geht es ernsthaft um die Schuldfrage. Ein Feigenbaum bringt keine Frucht. Punkt. Es ist uninteressant, weshalb das so ist. Ob das am Boden oder am Baum oder am Gärtner liegt. Ein Mensch bleibt hinter seinen Möglichkeiten zurück. Es ist uninteressant, ob das an den Rahmenbedingungen oder an den Genen liegt. Der Feigenbaum bringt keine Frucht. Um nichts anderes geht es. Jetzt und hier. Punkt.

Und was machen wir jetzt? Wie von selbst richtet sich der Blick auf den Chef, auf den Besitzer des Weinbergs. In unserer Geschichte verliert der die Geduld. Ihm gehört der Weinberg, ihm gehören die Reben, ihm gehören die Bäume. Natürlich hat er ein Interesse daran, dass das alles blüht und gedeiht. Was für ein Weinbergbesitzer wäre das, der investiert und dann gleichgültig mit den Achseln zuckt, wenn seine Investition Schaden leidet? Denn es geht ja nicht nur um einen Feigenbaum, der nicht tut, wie er soll. Es geht um einen Feigenbaum, der auch noch dem Boden die Kraft entzieht. Die anderen Pflanzen können Schaden nehmen, wenn er nichts unternimmt.

Dass der Weinbergbesitzer die Axt ins Spiel bringt, ist im Grunde nachvollziehbar. Das ist kein schäbiger Kapitalist, der nur auf seinen Gewinn schielt. Das ist einer, der das Ganze im Blick hat und es nicht gut ertragen kann, wenn das Ganze leidet. Ist es dann nicht besser, das, was das Ganze leiden lässt, über die Klinge springen zu lassen? In meinem eigenen Garten würde ich da nicht viel Federlesens machen. Würden Sie das tun? Oder was machen Sie mit dem Strauch, der nicht richtig anwächst, mit der Blume, die nicht blühen will, mit dem Baum, dessen Blätter sich kräuseln? Das landet vermutlich alles in der grünen Tonne. Weil es Ihnen einfach wichtig ist, dass Ihr Garten gut aussieht. Und weil es frustrierend ist, wenn bei aller Pflege eine Pflanze partout nicht tut, was sie soll. Wenn Ihnen das nicht fremd ist, sind Sie sehr nah bei dem Weinbergbesitzer. Dessen Haltung in unserer Geschichte aber dennoch nicht der Weisheit letzter Schluss ist.

Und so landen wir schließlich bei dem Gärtner. Diesem erstaunlichen Gärtner. Dem offensichtlich wirklich an jeder einzelnen Pflanze in seinem Wirkungsbereich etwas liegt. Wie einfach könnte der es sich machen, zur Axt greifen und tun, was man ihm sagt. Wie erleichtert könnte der eigentlich sein, dass dieser kahle Baum, dieser florale Schandfleck endlich verschwindet. Aber von all dem keine Spur. Dieser Gärtner, der vermutlich schon genug zu tun hat, setzt sich ein für ein Gewächs, in dem kaum Hoffnung liegt. Mit Herzblut erbettelt er eine Gnadenfrist. Und er muss überzeugend gewesen sein. Denn er bekommt seine Gnadenfrist. Oder besser gesagt: Der Feigenbaum bekommt eine Gnadenfrist. Gott sei Dank bekommt er seine Gnadenfrist.

[4. Spielraum für Interpretation]

Apropos Gott. Wo begegnet mir der in unserer Geschichte? Bestimmt nicht im Feigenbaum. Denn in dem begegne ich mir, in dem begegne ich dem Menschen vor Gott. Genau wie in den anderen Pflanzen dieses Weinbergs, die blühen und gedeihen. Der üppige Weinstock, der kahle Baum. Noch immer bleibt die gesunde Verunsicherung, die heilsame Irritation. Die vermutlich zu der Erkenntnis führt, dass kaum ein Mensch in Reinkultur das eine oder das andere ist. Ein jeder von uns hat seine Schwachstellen. Ein jeder von uns hat auch seine Feigenbaum-Momente. Fruchtlose Gedanken, verpasste Gefühle, unterlassene Taten. Keiner von uns braucht mit dem Finger auf andere zeigen, die womöglich noch kahlere Äste zum Himmel strecken. Wie in unserer Geschichte auch liegt das Qualitätsurteil letztendlich nicht bei mir, sondern beim Besitzer dieses Weinbergs.

Und in diesem Weinbergbesitzer begegnet mir Gott. Der Gott, der einen Weinberg geschaffen hat, auf dass er blühe und gedeihe. Und der schlecht seinen göttlichen Frieden damit schließen kann, wenn der das nicht tut. Der Gott, der aus Liebe leidet, wenn seine Menschen nicht tun, was sie sollen, und der in dieser Geschichte fast die Geduld verliert, weil er doch schon so viel Geduld an den Tag gelegt hat. Und dieser Gott geht mit sich selbst ins Zwiegespräch. Denn auch in dem Gärtner begegnet mir Gott. Der Gott, der aus dem Himmel auf die Erde kommt, um den Menschen nah zu sein. Der Gott, der seinen gerechten Zorn immer wieder verrauchen lässt, weil ihm viel zu sehr an den Menschen liegt, um sie aufzugeben. Der Gott, der nicht zufrieden damit war, Besitzer eines Weinbergs zu sein, sondern der Gärtner sein wollte, um uns zarten Pflänzchen möglichst nah zu sein. Dieser Gott ringt sich in unserer Geschichte sozusagen selbst eine Gnadenfrist ab. Und im Leben und Sterben des Gärtners hat er die Welt erfahren lassen, was sich aus dieser Gnadenfrist machen lässt.

[5. Spielraum für Hoffnung]

In dieser Gnadenfrist geht der Blick nicht auf vermeintliche Erfolgsprojekte, sondern auf die am Rand der Gesellschaft. So hat es der Gärtner vorgelebt. In dieser Gnadenfrist geht es darum zu lernen, wie man vorbehaltlos liebt. Der Gärtner hat es uns vorgelebt. In dieser Gnadenfrist geht es darum, im guten Sinne menschlich zu sein und darin Gott die Ehre zu geben. Der Gärtner hat es uns vorgelebt.

Im Leben und Sterben Jesu Christi werden aus kahlen Ästen blühende Bäume. Seine Worte und Taten sind wie der Wind und die Sonne und der Regen, die wir Pflanzen brauchen, um zu gedeihen. Und ich muss noch nicht einmal selbst etwas dafür tun. Ich muss den Gärtner nur machen lassen. Ich muss die Liebe Gottes geschehen und seinen guten Geist wirken lassen.

Das Ende bleibt noch immer offen. Und am Ende der Zeit wird es sich weisen, wie die Geschichte Gottes mit den Menschen ausgeht. Aber noch leben wir in der Zeit, in geschenkter Zeit. Eine Gnadenfrist, aus der sich etwas machen lässt. Aus der Gott, der Weinbergbesitzer und Gärtner, der Schöpfer und Erlöser, etwas machen will. Lassen wir ihn machen. Nicht nur ihm zur Ehre, sondern uns zum Nutzen. Denn wer will schon ein kahler Baum sein? Ich für mein Teil spüre die tiefe Sehnsucht, eine blühende Pflanze im Garten meines Gottes zu sein. Und in dieser Sehnsucht setze ich auf Gott und seinen überaus grünen Daumen. Amen.

Vorschläge für das Predigtlied

EG 503,13–15   Geh aus, mein Herz

EG 419   Hilf, Herr meines Lebens

Fürbittengebet

Geduldiger Gott,

deine Liebe reicht, so weit der Himmel ist. Deine Fürsorge durchdringt unser Leben. Du bist der Boden, in dem wir wurzeln. Du bist der Himmel, nach dem wir uns strecken. Du bist die Luft, die wir zum Leben brauchen. Du schenkst uns alles, was nötig ist, damit unser Leben Früchte trägt. Dafür danken wir dir.

Aber wir sehen auch, wo Leben verkümmert und verdorrt. Deshalb bitten wir dich: für die Entwurzelten, die den Boden unter den Füßen verlieren, weil sie ihre Heimat verlassen müssen, weil sie ihren Platz in dieser Welt nicht finden, weil ihre Seele keinen Grund findet. Lass sie nicht verlorengehen.

Für die, die den Himmel nicht mehr sehen können, weil Trauer ihre Seele verdunkelt, weil schlimme Erfahrung ihnen die Zuversicht raubt, weil Angst ihnen den Blick verstellt. Lass sie nicht verlorengehen.

Für die, denen es die Luft abschnürt, weil sie sich selbst viel zu viel abverlangen, weil sie den falschen Früchten hinterherjagen, weil sie verlernt haben, für sich selbst zu sorgen. Lass sie nicht verlorengehen.

Für uns alle, weil wir an fruchtlosen Bemühungen verzweifeln, weil wir uns so sehr nach blühendem Leben sehnen, weil wir Menschen sein wollen, die dir entsprechen. Lass uns nicht verlorengehen.

Geduldiger Gott, lass uns die Zeit nutzen, die du uns schenkst, und sei bei uns mit deiner Gnade, deinem Geist, deiner Liebe. Damit allen in deinem Weinberg das Leben blüht. Amen.

Dorothee Wüst

Letzter Sonntag im Kirchenjahr (Gedenktag der Entschlafenen)

Johannes 5,24–29

I

Liebe Gemeinde!

Seltsam, wie sich mein Leben verändert hat. – Du bist nicht mehr da. – Meine Liebe zu dir hat ein anderes Gesicht angenommen – die Traurigkeit. Öffne ich den Schrank, wo deine Kleider noch hängen, tut es weh. Die Überweisungen muss ich selbst tätigen, bisher hast du das gemacht. Langsam schrumpft der Stapel von Papieren, die ich seit deinem Tod nicht angerührt habe. Die Kinder kommen ab und zu. Die Nachbarin lädt mich zum Kaffee ein. – Und doch stehe ich wie hinter einer dicken Scheibe aus Glas. Ich sehe alles, und trotzdem dringt nicht viel zu mir durch. Ich ertappe mich dabei, wie ich dich suche oder mich auf der Straße nach dir umdrehe. Nachts kommst du in meinen Träumen mich besuchen. Du willst mich trösten. Ich wache auf. Dann bist du nicht da. Und der Schmerz beginnt von neuem. Wo bist du?

Ich sehe in das Licht der Kerze auf dem Altar. Ja, ich wünsche mir eine Welt aus Licht – für dich. In ihr sollst du gut aufgehoben sein. Zwar ist mir Gott fremd geworden. Und doch glaube ich an Gott – für dich. Damit du bei ihm sein kannst. Und dort erreichbar bist für mich und meine Liebe zu dir. Ich habe Chrysanthemen mitgebracht. Nachher stelle ich sie dir aufs Grab. Es sind doch deine Lieblingsblumen. Ich werde ein Licht anzünden und an dich denken. Und beten werde ich für dich – zusammen mit den anderen hier, die auch trauern. So kann ich diesen Tag aushalten – in der Hoffnung, dass du irgendwo auf dieser anderen Seite bist. Und mit dem Gefühl, mit meinem Schmerz nicht allein zu sein.

Liebe Gemeinde! Das ist das Besondere am Totensonntag: Wir denken an Menschen, die im Jahr gestorben sind. Wir singen Lieder und hören Texte, die in der Traurigkeit helfen wollen. Wir versuchen uns die Ewigkeit vorzustellen wie eine andere Seite des Lebens, auf der unsere Verstorbenen aufgehoben sind. Wir wünschen uns, dass es Gott auf irgendeine Weise geben möge. Damit Leben und Tod, Liebe und Abschied, Finden und Verlieren einen Sinn bekommen. In Gott münden. Ob wir wollen oder nicht, werden wir an diesem Tag an unser eigenes Sterben erinnert. Und daran, dass wir uns verändern – auch körperlich. Dass mein Leben mit seinen Möglichkeiten begrenzt ist. Das Gefühl, mit alledem hier nicht allein zu sitzen, kann trösten. Neben mir sitzt ein Mensch, der mit mir die Traurigkeit trägt und seinen Glauben mit mir teilt.

II

So sitzt auch er zwischen uns. Hannes. Er ist Mitte dreißig und arbeitet als Krankenpfleger auf der Intensivstation. Ganz bewusst ist er heute zum Gottesdienst gekommen. Er denkt an seine Toten. Sein Vater starb, da war Hannes gerade zwölf Jahre alt. Damals zog er sich in sich zurück. Er wollte niemandem seinen Kummer zeigen, nicht einmal seiner Mutter. Erst mit der Zeit ließ er dieses Gefühl zu und den Gedanken, wie sehr ihm sein Vater fehlte. Manchmal wurde er wütend. Hannes fühlte sich von seinem Vater im Stich gelassen.

Vor einigen Wochen starb der Pfarrer, der Hannes konfirmierte. Hannes denkt gern an ihn und die gemeinsame Zeit. Auch wenn sich ihre Wege trennten, war Pfarrer Scheibner für Hannes wie ein zweiter Vater. Dass Hannes so weit gekommen ist auf seinem Lebensweg, hat er auch ihm zu verdanken.

Hannes denkt an Menschen, denen er täglich im Dienst begegnet und die es nicht geschafft haben. Für manche war es eine Erlösung und Hannes war froh, dass sie sterben konnten. Andere Tode wiederum haben ihn traurig gemacht und wütend. Besonders die Namen derer bleiben in seinem Gedächtnis, die ganz jung gestorben sind. Es gibt für ihn Situationen und Gesichter, die begleiten ihn eben nach Hause, ohne dass er es möchte. Hier im Gottesdienst will er diese Bilder und Schicksale abgeben. Loslassen.

Nachher wird Hannes über den Friedhof spazieren und das Grab seines Vaters besuchen. Er wird dort eine Muschel hinlegen. Eine, wie er sie mit Vater am Strand gesammelt hat. Und ein Töpfchen Heidekraut wird er pflanzen. Sein Ritual am Totensonntag.

III

Auf dem Weg denkt er nach – auch über den Gottesdienst. Ihm fallen markante Worte des Predigttextes ein: „… wer an den glaubt, der mich gesandt hat, hat das ewige Leben; er kommt nicht ins Gericht … die das Gute getan haben, werden zum Leben auferstehen, die das Böse getan haben, zum Gericht."

Hannes sieht auf. Gerade reißt der Himmel auf und ein Sonnenstrahl durchbricht den grauen Tag. „Ob es das ewige Leben gibt?", denkt er. „Wie ist das da drüben?" Hannes kann sich das nicht vorstellen. Da ist nur dieses Gefühl, dass er mit seinem Vater noch auf wundersame Weise verbunden ist. Der Gedanke an ein Gericht jedoch ist ihm fremd. Er kann sich einfach nicht vorstellen, dass sein Vater vor einen Richter treten muss.

„Gott muss sich doch erbarmen! – Aber wer weiß? – Wir Menschen wissen nicht, wie Gott ist. – Warum stellen wir uns ihn dann als Richter vor? – Weil wir mit unserer großen Freiheit sonst nicht zurechtkämen. Vielleicht ist es wirklich so, dass wir die Vorstellung eines Strafgerichtes brauchen, um nicht über die Stränge zu schlagen. Weil wir Menschen sind. Weil wir Grenzen brauchen. Weil wir den Respekt gegenüber Gott und anderen Menschen und Lebewesen und gegenüber uns selbst immer neu lernen müssen."

Hannes denkt an seine Kindheit zurück. Vater hat ab und zu Ohrfeigen ausgeteilt oder mit Missachtung gestraft, wenn Hannes oder seine Schwester was ausgefressen hatten. Die Ohrfeigen hätten nicht sein müssen. Vaters Missachtung war aber für Hannes noch schlimmer. Den Respekt aber vor seinen Eltern, vor den Leuten aus der Nachbarschaft, vor seiner Schwester *und auch* vor sich selbst hat Hannes vom Vater gelernt. Weil er streng war und hart sein konnte.

„Lernen wir Menschen denn nur dann, wenn wir uns fürchten müssen vor einer strengen Instanz? Wie überdrehte Kinder, die in Grenzen gewiesen werden?", überlegt Hannes. „Ich kenne solche Schwachpunkte auch an mir. Aber brauche ich wirklich die Vorstellung eines Gerichts, bei dem Gott mich am Abend des Lebens zur Rechenschaft zieht? Das ist doch blöd. Wir sind schließlich erwachsene Menschen und durchaus in der Lage dazu, unser Tun zu verantworten." Nach ein paar Schritten im Kiesbett schüttelt Hannes den Kopf. „Nein, ich muss zugeben, es gibt wirklich Menschen, die dazu nicht in der Lage sind. – Was ist das bloß mit uns?"

Hannes fallen in diesem Zusammenhang auch Situationen aus der Klink ein. Wie schwierig ihm und seinen Kollegen Entscheidungen fallen. Ob sie eine Behandlung fortsetzen oder einen Menschen in sein Sterben begleiten. *Und* sie müssen sich entscheiden zusammen mit den Angehörigen. Wie viel Angst und auch Egoismus spielen in diese Entscheidungen hinein. Hannes hilft es, dann zu fragen: „Was würde der Patient dazu sagen? Und was würde Jesus dazu sagen?" Wird wirklich einst jemand über unsere Entscheidungen richten? Diese Frage hilft Hannes zu leben.

IV

Mit voller Wucht tritt Hannes gegen eine Kastanie. Die knallt gegen einen Grabstein, prallt daran ab und bleibt liegen. Er geht auf das Grab zu, liest und rechnet. „Nur vierzehn Jahre alt geworden." Wehmütig wird ihm beim Gedanken an diesen frühen Tod. Da fällt ihm Friedrich ein. Ein Junge von Station. Bei einem Sturz vom Dach hat er sich eine schwere Schädel-Hirn-Verletzung zugezogen. Er schwebt zwischen Leben und Tod. Der ist auch erst fünfzehn. Und keiner weiß, ob seine Kräfte reichen. Hannes wollte heute Morgen im Krankenhaus anrufen und nach Friedrich fragen, hat es aber dann sein lassen. Erst gestern im Spätdienst stand Hannes mit seiner Kollegin Romy am Bett des Jungen. Hannes kann sich noch an den Blick von Romy erinnern. Er war voller Empörung, als sie fragte: „Warum muss Gott diese Familie so strafen?"

Alle auf Station sind empört und ähnlich betroffen. Denn vor vierzehn Jahren, als Friedrich gerade ein Jahr alt war, hat die Familie schon ein Kind verloren, eine Tochter. Sie war damals genauso alt, wie Friedrich jetzt ist. Und jetzt passiert das mit Friedrich. „Warum muss Gott diese Familie so strafen? Wird er ihnen jetzt auch den Sohn nehmen?" Hannes weiß darauf keine Antwort. Er spürt jedoch die Empörung und diese Wut – auch auf Gott. Denn jegliche Gerechtigkeit gerät ins Wanken oder zerbricht.

„Kann es sein, dass es schon ein Gericht hier im Leben gibt? Denn welchen Grund hat Gott sonst, manche Menschen so Schweres aushalten zu lassen?" Hannes kennt nur zu gut die Ohnmacht, darauf nichts sagen zu können. Oft kann er mit den Angehörigen nur aushalten oder ihnen ein Glas Wasser bringen. Das ist so schwer. Dennoch spürt er in solchen Augenblicken, wie wertvoll das Wenige ist, das wir Menschen uns einander geben können. Als wäre Gott gerade in solchen Augenblicken da. In uns. Zwischen uns. Einfach da. Obwohl er nicht da zu sein scheint.

Gott kann kein Richter sein. Gott wird auch nicht so urteilen, wie wir Menschen es tun. Der Gott Jesu Christi ist ein Liebhaber des Lebens. Er zeigt sich menschlich. Auch wenn er Leid nicht verhindert. Seine Liebe trägt in jeder Situation und ist darin allmächtig. Dieser Glaube an so einen Gott hilft Hannes zu leben und zu arbeiten. Seit drei Tagen geht Hannes jeden Morgen zuerst ans Bett von Friedrich. Der noch im Koma liegt. Er erzählt dem Jungen immer eine Sache, die ihm selbst morgens schon begegnet ist. Dann wünscht er ihm leise: „Gott sei mit dir, Friedrich!"

V

Noch fünfzig Meter bis zum Friedhofstor. Da kommt der Bus, den er erwischen möchte. Hannes rennt los und patscht mit einem Fuß voll in eine Pfütze rein. Das Hosenbein nass, auf sich selbst schimpfend, sieht er den Bus abfahren. „So ein Mist. Und wieder muss mir so was passieren." Nach der guten Stimmung bisher an diesem Tag hat ihn nun der Alltag wieder. „Ich bin und bleibe eben ein Tollpatsch."

Er setzt sich ins Wartehäuschen. Sieht das schmutzige Hosenbein und den nassen Schuh.

Er ist auch unglücklich über etwas anderes. Hannes kennt es von Kindheit an, dass er sich selbst anklagt. Für alles gibt er sich immer selbst die Schuld. Wie ein Fluch hängt das über seinem Leben. *Sein* Richter – so erkennt er – sitzt nicht im Himmel, sondern in ihm drin und klagt immer nur ihn selbst an. Andere Stimmen haben dagegen einfach kaum eine Chance. Hose und Schuh trocknen wieder. Vielmehr quält Hannes diese Selbstanklage, die ihm wieder einmal vor Augen führt: Anderen gelingt das Leben besser.

In diesem Augenblick fährt eine Radfahrerin an ihm vorbei. Sie lächelt ihn an. Vielleicht hat sie gesehen …? In diesem Moment ist es Hannes so, als hätte der Himmel ihn angelächelt. Er denkt: „Gott, solltest du wirklich Richter sein, dann nimm doch bitte von mir, was mich an mir selbst stört. Nimm endlich die Lasten von mir, die mich beschweren. Und die Selbstzweifel, die mich daran hindern, ich selbst zu sein! Sei du doch der Richter in meinem inneren Kampf." Mit einem Papiertaschentuch putzt er seinen durchnässten Schuh.

„Oder muss ich mich daran gewöhnen, dass ich bin, wie ich bin. Vielleicht muss ich mit dem Tollpatsch in mir leben und Frieden schließen? Mit dem Ankläger gleich mit. Und auch mit dem Teil in mir, der ganz anders sein möchte." Hannes steht auf. Denn der nächste Bus rollt an. „ Das bin doch alles ich – alles Teile von mir. In mir. Wie ich ein Teil in Gottes Plan bin." Er steigt ein. Im Bus lässt Hannes den Tag an sich vorbeiziehen. – Tod und Leben. Ewigkeit und Gericht. Der Gott Jesu ist ein Liebhaber des Lebens. Hannes hat mit seinen Gedanken und Gebeten gut für *seine Toten* sorgen können. Und auch für sich. Hannes. Der lebt. Und gern lebt vor dem Spiegel der Ewigkeit.

Der Bus rollt an, biegt um die nächste Ecke und nimmt Hannes mit in den Abend. Beim Hinterherschauen war mir gerade so, als hätte sich ein geheimnisvoller Mitfahrer auf den Platz neben Hannes gesetzt. So soll es sein. Amen.

Vorschläge für das Predigtlied

EG 361,1–3.12   Befiehl du deine Wege

EG 382   Ich steh vor dir mit leeren Händen, Herr

Fürbittengebet

Herr, barmherziger und gütiger Gott,

wir kommen zu dir mit unserem Gebet. Wir denken an unsere Verstorbenen und bitten dich: Lass sie aufgehoben sein bei dir auf der anderen Seite des Lebens. Die Liebe, die uns bis zum Abschied verband, lass auch jetzt in der Trauer eine Brücke sein.

Wir denken an Hinterbliebene und traurige Menschen und bitten dich: Begleite sie auf ihrem Weg des Abschieds. Lass dich von ihnen finden und spüren. Schenke ihnen Kraft zum Weiterleben.

Wir denken an unsere Grenzen und an unseren Tod und bitten dich: Lass uns in den Grenzen erkennen, was uns dennoch alles möglich ist. Zeige uns im Spiegel der Ewigkeit die Schönheit unseres Lebens. Lass uns klug werden zum Leben.

Wir denken an Neugeborene und ihre Eltern und bitten dich: Lass sie im Erwachen des neuen Lebens deine Liebe spüren. Eröffne ihnen das Geheimnis des Lebens. Zeige ihnen deine Wunder.

Wir denken an die vielen Bedrohungen des Lebens hier und in anderen Teilen der Welt und bitten dich: Erhalte uns den Frieden und hilf uns, ihn zu erhalten. Bewahre die Schöpfung und hilf uns, sie zu bewahren.

Guter Gott, um all das bitten wir dich. Weil wir dir, dem Gott des Lebens, vertrauen. Weil wir Christus, den Bruder, an unserer Seite wissen. Weil wir spüren, wie dein Geist unser Leben erfüllt. So soll es sein. Amen.

Christian Schoberth

Die besondere Predigt Jona (Predigtreihe – Teil I)

Jona 1–2

I Lesen: Jona 1,1–5
(Der weitere Predigttext wird im Laufe der Predigt verlesen.)

Normalerweise kennen wir nur Seefahrt-Geschichten mit gutem Ausgang. Die anderen, bei denen keiner überlebt hat, kennen wir nicht, es ist ja keiner da, der sie erzählen kann. Die Jona-Geschichte ist also eine gute Geschichte.

Jona hat einen Auftrag. Gott sagt ihm: Geh los, mach dich auf, predige. Drei Imperative. Gottes Begründung: Die Leute von Ninive sind böse. Das müssen sie gesagt bekommen. Jona macht sich auf. Aber nicht so, wie er soll. Er geht in die falsche Richtung, will weg. Jona geht nach Jafo, geht auf ein Schiff nach Tarsis, zahlt Fährgeld, versteckt sich auf dem Schiff.

Gott reagiert wie aus dem Off. Schickt Wind und Wellen. Wie Noahs Gott, wie Hiobs Gott, wie ein Schöpfergott eben – wie einer, der die Welt lenkt und den Wind und die Meere beherrscht und eingreift, wie es ihm passt, zerstört, was ihn wüten lässt, und heil macht, wenn es ihm gefällt. Noch trifft sich die Kommunikation zwischen Jona und Gott nicht. Gott gibt einen Auftrag, Jona läuft weg, Gott spricht ein Wirkwort, Jonas Flucht hat nichts gebracht, Jona ist in der Klemme. Und Gott schaut zu und wartet.

II Lesen: Jona 1,6–10

Die Geschichte geht weiter, so maritim, so normal. Die Schiffsleute fürchten sich. In ihrer Deutung der Welt ist es klar: Die Mächte, die Wellen und Winde anfeuern, sind bei den Göttern zu finden. Nautisches Glück ist noch heute Göttersache, Segler dürfen nicht pfeifen an Bord, und Rasmus, der Herr der Winde, erhält den ersten

Schluck Sherry aber nicht vor elf Uhr. Es gibt den Witz von dem Kapitän in Seenot, der übers Deck ruft: Alle Passagiere, die gläubig sind, beten bitte zu ihren Göttern – die anderen Herrschaften an die Pumpen!

Zu biblischen Zeiten gab es nur religiöse Herrschaften. Aber durchaus eine Konkurrenz der Gottheiten. Nicht aus Sicht der Prophetenbücher, versteht sich. Aber aus Sicht der Menschen in den Geschichten. Der Kapitän sucht Jona. Auch er soll beten, vielleicht nützt es ja etwas. Ladung über Bord und diverse Götter angefleht. Pragmatisch und göttergläubig, das geht gleichzeitig.

Jona geht an Deck. Stellt sich den anderen. Die befragen gerade das Schicksal: Wer ist schuld? Das Los zeigt auf Jona. Der muss es also sein. Pragmatisch, gottgläubig und schicksalsgläubig. Sogar das geht gleichzeitig. Das Urteil steht nun fest, er muss schuld sein, nun ist nur noch die Frage: Warum er? Woran liegt es? Und Jona, der sich eben noch versteckt hat, erst vor Gott, dann vor der Besatzung, der steht nun auf. Gibt klare Auskunft: Ich bin Hebräer, sagt er. Und bekennt sich: Ich fürchte den Herrn. – Welchen Herrn? – Na, den Schöpfer des Himmels und der Erde, oder wie er sagt: den Gott des Himmels, der das Meer und das Trockene gemacht hat. Wie die Schöpfungserzählung der Thora es berichtet.

Und seine Flucht vor Gott und dem Auftrag, die erzählt er auch noch.

Nun ist Chaos auf dem Schiff. Wenn Jonas Gott für Meer und Wind zuständig ist und Jona außerdem noch vor seinem Auftrag flieht, dann muss der weg. Schleunigst.

III Lesen: Jona 1,11–16

Die Schiffsleute sind freundliche Leute. Sie wollen ihn auf dem Land absetzen, nicht einfach über Bord werfen. Und das Meer tobt weiter. Gott tobt weiter. Es gibt keinen einfachen Landfall. Die Matrosen hätten es Jona gern einfacher gemacht. Aber das Meer wird wilder. Sie flehen sogar zu dem Gott, der gar nicht ihrer ist. Wir können doch nichts dafür, rufen sie. Er war es doch, nicht wir. Sollen wir denn alle untergehen. Aber nur eins geht jetzt: Jona muss über Bord. Alternativlos. So werfen sie ihn denn.

Und schlagartig ist das Meer still, die Fahrt kann weitergehen. Das Schiff und die Seeleute haben ihre Schuldigkeit getan, die Geschichte braucht sie nicht mehr.

Gelübde für Gott, er ist der Größte, Einzige, Wahre. Und nie, nie wieder wollen sie etwas gegen seinen Willen tun.

IV Lesen: Jona 2

Das Schiff ist nicht mehr wichtig. Nun kommt der Fisch. Jona im Fisch – ein Bild für Jahrhunderte, Jahrtausende Malerei, Mosaik und Poesie. Drei Tage und drei Nächte – magische Zahlen. Ob das möglich ist, was es für ein Fisch war, wovon er sich ernährt hat – wer wollte so etwas fragen.

Im Fisch betet Jona und singt zu Gott und deutet, was er erlebt hat. Ein Urbild: Jona im Bauch. Gerettet und neu gefangen. Vom Meer verschont und vom großen Tier verschlungen.

Und erst als es sicher zu sein scheint, dass Jona verstanden hat, befiehlt Gott dem Fisch, und der speit ihn aus. Mit dem Ende von Kapitel zwei im Jonabuch ist die Erzählung wieder am Ausgangspunkt angekommen.

V

Jona ist auf große Fahrt gegangen. Dabei hat er Erfahrungen gemacht. Ist in Fahrt gekommen. Jonas Geschichte ist auch eine über Verkündigung mit Hindernissen. Er bekommt einen Auftrag und rennt los – um den Auftrag nicht zu erfüllen. Er verweigert sich zunächst. Jona steht vor der uralten Menschheitsfrage: Kämpfen oder weglaufen? Wenn eine Herausforderung kommt, dann rennt man entweder weg oder man hält durch. Andere Möglichkeiten gibt es nicht, Erfahrungen zu machen. Und Jona rennt.

Wie wäre der Gedanke: Jona erfüllt den Auftrag von Gott in seiner Weise. Jona versteht Gott so, wie er es kann. Gott geht gut mit ihm um, wie ein liebevolles Elternteil von heranwachsenden Kindern. Gott bleibt dran. Auch wenn er auf eine andere Weise gesetzt hat. Wie Eltern das auch gerne tun. Jonas Erkenntnisprozess ist mindestens so wichtig wie sein Auftrag. Vielleicht kann das bei Heranwachsenden genauso wahr sein wie bei immer weiter wachsenden Erwachsenen: Wir machen nicht einfach Blödsinn, wenn wir etwas nicht erfüllen. Wir machen es eben, so gut wir es können. Und das Großartige an der Jonageschichte im ersten und zweiten Kapitel ist, dass Gott immer noch da ist, egal, was Jona tut. Gott ist nicht besserwisserisch, sondern auffangend. Er ist selbst nicht unberührt von dem, was passiert. Er ist eventuell sogar angetan. Er reagiert. Denn: Jona ist nicht ohne Gott. Aber Gott ist auch nicht ohne Jona. Gott ist in dieser Prophetengeschichte genau nicht wie ein vorherbestimmender, alles wissender, paternalistischer, prädestinatorischer Gott, sondern: Er ist berührt und geht mit.

Gott ist nicht der besserwissende omnipotente Vatertyp, der Hase und Igel spielt und immer schon da ist, egal was mit Jona ist. Die Geschichte mit dem Fisch heißt nicht: Jona kann Gott sowieso nicht entkommen. Sondern: Gott geht mit. Er ist da. Aber ganz konkret. Egal, was Jona anstellt.

Jona liegt auf dem Schiffsboden und schläft. Er ist geflohen. Er hat sich auf den Weg gemacht. Dazu gehört die Erschöpfung. Vielleicht spürt er den Gott, der mitgeht. Jona braucht seine Zeit. Aber im Fisch versteht er es. Er sagt: Ich werfe mich in deine Arme. Ich vertraue dir blind. Ich fühle dich und traue dir zu, dass du mich hältst.

Wie wäre es, die Jonageschichte völlig anders zu lesen: Jona ist wie ich. Wie du. So wie du bist, machst du es eben. Du kannst nur der, kannst nur die sein, die du bist. Du kannst nur so lieben, wie du liebst. Du hast nur die Kraft, die du hast, und das ist gut so. Gott ist da und nah. Er ist der liebende Blick, der dich sieht. Er ist einfach so da. Er ist die Instanz, die lächelt, wenn du wieder eine Regel übertreten hast. Obwohl gerade noch das Meer tobt und der Puls rast und du nicht weiter, wusstest und einfach weggelaufen bist, ist Gott dann plötzlich da und es ist gut so und es geht weiter. Wie in seltenen Momenten des Glücks: Du hältst mich und ich halte dich und mehr passiert nicht und muss es auch nicht.

So schläft Jona. Und als sie kommen und ihn holen und nach seinem Gott fragen, ausgerechnet ihn, und woher er kommt, da zögert er nicht: Hebräer natürlich, sagt er, was denn sonst, und mein Gott lenkt das Meer und Wellen und Winde, und am Ende bin ich immer noch bei ihm. Amen.

Vorschläge für das Predigtlied

EG N 582   Ich sing dir mein Lied

EG 369   Wer nur den lieben Gott lässt walten

Fürbittengebet[1]

[Liturg(in):] Gott, wir rufen zu dir in Angst und Freude. Du hörst unsere Stimme. Für Fremde in unserem Land bitten wir dich. Für das Zusammenleben von Menschen, die von weither kommen.

Sie sollen sich wohlfühlen können in diesem Land. Willkommen. Und miteinander leben in deiner Welt.

[Liturg(in) und Gemeinde:] Wir bitten dich, erhöre uns.

[Liturg(in):] Für Menschen auf der Suche nach dem richtigen Weg bitten wir dich. Schenk ihnen Klarheit. Lass sie deine Nähe erleben. Gib ihnen Freunde an die Seite. Damit sie wirken können in deiner Welt.

[Liturg(in) und Gemeinde:] Wir bitten dich, erhöre uns.

[Liturg(in):] Für Familien bitte ich dich. Für das Zusammenleben von jungen und alten Menschen. Sie sehen die Welt verschieden. Sie sollen Geduld miteinander haben. Einander ihre Welten zeigen. Geschichten zu Ende anhören. Und miteinander leben in deiner Welt. Gott, unser Gebet kommt zu dir. Du hilfst uns. Mit deiner Hilfe können wir leben. Amen.

Anne Gidion

---

1   Vorschlag zur liturgischen Gestaltung: Jona 2, 3–10 ist ein Psalm. Ich rege an, diese Verse als Psalm in der Eingangsliturgie zu verwenden. Z.B. mit Jona 2,8b als Kehrvers: Mein Gebet kam zu dir in deinen heiligen Tempel.

Verzeichnis der Autorinnen und Autoren

Pfarrer i. R. Manfred Bauer
Theresienstraße 14
01097 Dresden
manfred.bauer@onlinehome.de

Pfarrerin Eva Böhme
Hauptstraße 74
79295 Sulzburg
eva.maria.boehme@t-online.de

Pfarrer Michael Dorsch
Herweghstrasse 9
07749 Jena
michaeldorsch@freenet.de

Pastor Dr. Christian Frühwald
Geschäftsführer kopf und zahlen
GmbH & Co. KG
Domshof 8–12
28195 Bremen
fruehwald@kopf-und-zahlen.de

Pastorin Anne Gidion
gottesdienst institut nordkirche
Königstraße 54
22767 Hamburg
anne.gidion@
gottesdienst-institut.nordkirche.de
www.gottesdienstinstitut-nordkirche.de

Oberkirchenrat Dr. Martin Hauger
Jahnstr. 1c
31515 Wunstorf
martin.hauger@ekd.de

Dekan Rainer Heimburger
Scheffelstraße 4
69469 Weinheim
rainer.heimburger@kblw.de

Pfarrer Jochen M. Heinecke
Sonneberger Straße 11
98743 Spechtsbrunn
jmh@impuls52.de
(Jede Woche ein Wort zum Wochen-
spruch.)

Pfarrer Dr. Frank Hiddemann
Nicolaistr. 2
07545 Gera
hiddemann@gmx.de

Prof. Dr. Jürgen Kegler
Schubertstr. 41
68723 Plankstadt
juergen.kegler@gmx.de

Ass. i. A. Mag. Bernhard Kirchmeier
Universität Wien
Institut für Praktische Theologie und
Religionspsychologie
Schenkenstraße 8–10
1010 Wien
bernhard.kirchmeier@univie.ac.at

Pastorin Dr. Wiebke Köhler
Langer Wall 16A
37574 Einbeck
wiebke.koehler@email.de

Pfarrer Johannes Krause-Isermann
Franz-Marc-Weg 72
48165 Münster-Hiltrup
johannes.k-i@web.de

Dr. Sebastian Kuhlmann
Götte 1
48683 Ahaus
sebastian.kuhlmann@uni-muenster.de

Pfarrer Prof. Dr. Georg Lämmlin
Theologisches Institut,
Universität Mannheim
L 15,1–6
68131 Mannheim
georg@laemmlin.de

Pastor Dr. (Ministry/Princeton TS)
Volkmar Latossek
An der Stadtkirche 9
29221 Celle
volkmar.latossek@stadtkirche-celle.de

Prof. Dr. Jörg Neijenhuis
Mombertstr. 11
69126 Heidelberg
jn@neijenhuis.de

Pfarrerin Kathrin Oxen
Leiterin des Zentrums
für evangelische Predigtkultur
Markt 4
06886 Lutherstadt Wittenberg
kathrin.oxen@wittenberg.ekd.de

Pfarrer Dr. Christian Plate
Dirk-von-Merveldt-Str. 47
48167 Münster

Pfarrer Christian Willm Rasch
Auf der Heide 31
32051 Herford

Pfarrerin Simone Rasch
Auf der Heide 31
32051 Herford

Prälat Prof. Dr. Traugott Schächtele
Kurfürstenstraße 17
68723 Schwetzingen
traugott.schaechtele@ekiba.de

Pfarrerin Ruth-Elisabeth Schlemmer
Andreasstraße 16
99084 Erfurt
r.e.schlemmer@gmx.de

Pastor Christian Schoberth
Hartwig-Hesse-Straße 28
20257 Hamburg
c.schoberth@freenet.de

Pfarrer Dr. Dieter Splinter
Landeskirchlicher Beauftragter für den
Prädikantendienst der Evangelischen
Landeskirche in Baden an der
Evangelischen Hochschule Freiburg
Bugginger Str. 38
79114 Freiburg
dieter.splinter@ekiba.de

Pfarrer Friedrich Teubner
Am Alten Gymnasium 10
16816 Neuruppin
FTFritz@aol.com

Dr. Karl Friedrich Ulrichs
Privatweg 5
06889 Lutherstadt Wittenberg
kfulrichs@gmx.de

Pfarrer i. R. Karlheinz Weber
Ernst-Böckel-Straße 10
99817 Eisenach
kh.web@web.de

Dekanin Dorothee Wüst
Stiftsstraße 2
67657 Kaiserslautern
dorothee_wuest@web.de